余姚中学校本课程

王阳明诗文赏读

程载国 ◎ 编著

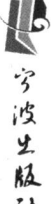
宁波出版社

图书在版编目（CIP）数据

王阳明诗文赏读/程载国编著.—宁波：宁波出版社，2015.10
ISBN 978-7-5526-2252-2

Ⅰ.①王… Ⅱ.①程… Ⅲ.①古典诗歌—诗歌欣赏—中国—明代—高中—教学参考资料②古典散文—文学欣赏—中国—明代—高中—教学参考资料 Ⅳ.①G634.303

中国版本图书馆 CIP 数据核字(2015)第 229962 号

王阳明诗文赏读

程载国　编著

责任编辑	余怡荻　张雅光
责任校对	王　丹
责任审读	陆红亚
装帧设计	原色太阳
出版发行	宁波出版社(宁波市甬江大道1号宁波书城8号楼6楼　315040)
网　　址	http://www.nbcbs.com
联系电话	0574-87242865、87279895、87286804
印　　刷	浙江开源印务有限公司
开　　本	787毫米×1092毫米　1/16
印　　张	9.25
字　　数	160千
版　　次	2015年10月第1版
印　　次	2015年10月第1次印刷
标准书号	ISBN 978-7-5526-2252-2
定　　价	25.00元

如发现缺页或倒装，影响阅读，请与承印厂联系调换。电话:0574-87638192

编写说明

王阳明是余姚四先贤之一,是明代中叶的思想家、教育家、军事家、文学家和书法家,后世称赞他"立德、立功、立言真三不朽",《明史》称赞他是明代最优秀的学者型将军,曾任美国哈佛大学东亚语言与文明系主任的杜维明教授认为他是儒学传统中最有创见的人物之一。尽管如此,数十年来王阳明的事迹在中小学教育界罕有流传,他的诗文几乎无人问津。

本书是为进一步深化普通高中课改要求而编写的知识拓展类选修教材,同时也是余姚中学"心灵成长类课程群"的重要组成部分。编写本书的主要目的有三个:一是让广大中学生了解王阳明的事迹与诗文成就,提高学生古诗古文的鉴赏水准;二是节选精当的语录对话阐发阳明心学的基本常识,让学生对"心即理"、"知行合一"、"致良知"、"万物一体"等心学理论有初步的了解;三是引导学生学习王阳明身上忠诚耿直、乐于实践、勇于创新的精神品质。

为了广大师生更好地使用本书,下面作几点说明:

一、本书的编写参照诗文赏读类著作的基本范式,没有呈现教学过程,不留反思作业。

二、本书包括以下内容:1. 王阳明生平事迹简介;2. 王阳明文学成就简介;3. 王阳明诗文节选;4. 字词注释;5. 评点赏读;6. 参考文献。

三、本书在赏读王阳明诗文时须依傍相关的文史资料,但为保持叙述的连贯性,又不能处处均作说明,在此向书后参考文献的所有作者与编者致谢。

四、本教材所引王阳明诗文全部参照《王阳明全集》(上海古籍出版社2012年版),只有少数几处依照其他版本予以订正。

课程纲要

一、前言

王阳明是余姚四先贤之一,是明代中叶的思想家、教育家、军事家、文学家和书法家,后世称赞他为"立德、立功、立言真三不朽",新锐历史作家吕铮更是将他称为"明朝一哥"。尽管王阳明的心学思想对中国及东亚产生了巨大的影响,王阳明的传奇事迹也在海内外广为流传,但余姚的中小学生对王阳明心学思想及其文学作品还不是很熟悉。本课程试图通过二十余讲的讲座与探讨,让学生在赏读王阳明诗文的同时对其生平事迹、心学思想以及文学成就有较为全面的认识。

二、课程设计的理念与思路

1. 着眼于乡土,以王阳明诗文为抓手,宣讲璀璨的姚江文化。
2. 介绍王阳明的传奇经历,让同学对王阳明政治、军事等方面的作为有较为深切的认知。
3. 依文体顺序,赏读、背诵王阳明的诗歌、心学语录、散文著作,既借此理解王阳明的心学思想与军事、执政理念,又由此了解王阳明的文学成就。
4. 注意授课形式的丰富多样,增强师生互动,将多媒体播放、分组讨论、专题演讲和论文答辩引入课堂。

三、课程目标

1. 确保学生对王阳明的人生经历和学术思想有较为全面的了解。
2. 初步理解阳明心学的内涵,以"心即理"、"知行合一"、"致良知"、"万物一体"的理念指导人生实践。

3. 借阳明学增强学生的乡土观念,激发他们的家国情怀,培养学生形成健康向上的人生观与世界观。

4. 通过反复阅读王阳明的诗歌散文来提升学生的文学鉴赏水平及写作能力。

四、课程主要内容

1. 以讲座的形式介绍王阳明的生平事迹和学术影响。
2. 以讲座的形式介绍王阳明的文学成就。
3. 选读王阳明的诗歌和散文以及《传习录》篇章。
4. 重点研讨王阳明的四大学术理论:"心即理"说、"知行合一"说、"致良知"说、"万物一体"说。
5. 带领部分学生"重走良知路",在社会活动中践行王阳明的心学理念;指导学生撰写有关王阳明的学术论文,通过论文答辩的方式激荡思维,务求真知。

五、课程类型和实施方式

1. 讲座;2. 研讨;3. 论文写作指导;4. 论文答辩。

六、课程资源

1. 视频资源

姚剧《王阳明》(寿建立饰演王阳明)
央视百家讲坛《传奇王阳明》(浙江大学董平教授主讲)
浙大公开课《王阳明心学》(浙江大学董平教授主讲)

2. 文献资料

《王阳明全集》(线装书局 2012 年出版,共 5 册)、《传奇王阳明》(商务印书馆 2010 年出版)、《认识王阳明》(中国档案出版社 2008 年出版)、《明朝一哥王阳明》(智品书业 2010 年出版)、《明儒学案》(电子书籍)、《传习录全译》(贵州人民出版社 2009 年出版)、《王阳明哲学》(九州出版社 2013 年出版)、《明诗别裁集》(上海古籍出版社 2008 年出版)

3. 专家资源

诸焕灿老师(专攻阳明学研究,著有《心学大师王阳明》《余姚历史上的今天》《姚江望族》,参编《认识王阳明》《认识黄宗羲》)

华建新老师(专攻阳明学研究,著有《王阳明诗歌研究》《王阳明散文研究》《姚江秘图山王氏家族研究》,参编《认识王阳明》《认识黄宗羲》)

谢玲玲老师(余姚地方文史爱好者,著有《一叶知秋》)

施长海老师(余姚地方文史爱好者,著有《一眼水》)

4. 物质遗产资源

王阳明故居、龙泉山中天阁王阳明讲学处、余姚名人馆、绍兴兰亭王阳明墓、余姚梁弄白水冲

七、课程实施规划

高一学年每周一讲,约三十讲,加上实地考察、学术探讨、论文写作指导和论文答辩,共需四十课时。高一暑假选拔部分学生参与"重走良知路"综合实践活动。完成论文答辩的学生每人可获得4个学分。课程结束后将所有学生和教师论文汇编成册。

八、成效与特色

以阳明心学为思想根基,以阳明诗文为教学内容,以阳明教育思想为方法指导,本课程致力于促进阳明学在中学生群体中的推广,努力探索文史哲多学科知识交融互通的教学范式。

CONTENTS

目 录

| 编写说明 | 001 |
| 课程纲要 | 002 |

第一章　千古一圣王阳明 …………………… 001
　　第一节　琅琊王氏，名人辈出 …………………… 002
　　第二节　缄默天才，叛逆少年 …………………… 003
　　第三节　五溺三变，玩物得志 …………………… 005
　　第四节　人浮宦海，心怀良知 …………………… 006
　　第五节　文人带兵，战功赫赫 …………………… 008
　　第六节　心学光芒，照彻四方 …………………… 009

第二章　文坛隐士王阳明 …………………… 013
　　第一节　文学少年的惊艳亮相 …………………… 014
　　第二节　交游"前七子"文学圈 …………………… 015
　　第三节　理学家的傲慢与偏见 …………………… 018
　　第四节　刻意遮蔽的文学光芒 …………………… 021

第三章　王阳明诗歌赏读 …………………… 027

第一节　四言诗歌赏读
有室七章 …………………………… 028

第二节　五言绝句赏读
芙蓉阁二首 ………………………… 030

第三节　五言律诗赏读
忆龙泉山 …………………………… 032

第四节　五言古风欣赏
西园 ………………………………… 034
四明观白水(其一) ………………… 035

第五节　七言绝句赏读
咏良知四首示诸生 ………………… 037
泛海 ………………………………… 039

第六节　七言律诗赏读
南浦道中 …………………………… 040
四明观白水(其二) ………………… 041
杖锡道中用张宪使韵 ……………… 043
睡起写怀 …………………………… 044

第七节　其他优秀诗篇荐读 …………… 046

第四章　王阳明心学语录赏读 ······ 051

第一节 "心即理"语录赏读 ······ 052
第二节 "知行合一"语录赏读 ······ 056
第三节 "致良知"语录赏读 ······ 061
第四节 "万物一体"语录赏读 ······ 065
第五节 《传习录》精彩文段荐读 ······ 070

第五章　王阳明散文赏读 ······ 075

第一节 文赋赏读
　　黄楼夜涛赋 ······ 076
第二节 杂记赏读
　　何陋轩记 ······ 079
　　象祠记 ······ 082
　　尊经阁记 ······ 085
　　应天府重修儒学记 ······ 088
　　从吾道人记 ······ 091
第三节 祭文赏读
　　祭徐曰仁文 ······ 094
　　瘗旅文 ······ 097

第四节 书信赏读
　　答毛宪副书 ·················· 100
　　答徐成之(二) ················ 102

第五节 奏疏赏读
　　谏迎佛疏 ···················· 106
　　乞宽免税粮急救民困以弭灾变疏 ······ 111
　　水灾自劾疏 ·················· 115

第六节 告谕公移赏读
　　南赣乡约 ···················· 118
　　告谕浰头巢贼 ················ 123

第七节 其他优秀篇章荐读 ············ 127

附录一:绍兴莲花落《王阳明》 ·········· 129
附录二:王阳明年谱简编 ············· 131
附录三:参考文献 ················· 134

第一章　千古一圣王阳明

　　古今称绝业者曰"三不朽",谓能阐性命之精微,焕天下之大文,成天下之大功。举内圣外王之学,环而萃诸一身,匪异人任也。唐、宋以前无论已,明兴三百年,名公钜卿间代迭出,或以文德显,或以武功著,名勒旗常,固不乏人,然而经纬殊途,事功异用,俯仰上下,每多偏而不全之感。求其文起八代之衰,道济天下之溺,忠犯人主之怒,勇夺三军之气,所云参天地,关盛衰,浩然而独存者,惟我文成夫子一人而已。

【清】马士琼《王文成公文集原序》

第一节 琅琊王氏,名人辈出

中国古人都非常重视自己的血脉传承,各类传记资料介绍人物也往往从某人的先祖入手。清代查继佐在他的《王守仁传》中是这样介绍王阳明的:王守仁,字伯安,别号阳明,浙江余姚人,晋王览之裔。六世祖纲,洪武中参议广东,死苗难。[1]

这段看似平淡的介绍将王阳明的血脉同中国古代一个无比荣耀的家族——琅琊王氏联系到了一起。琅琊是秦朝三十六郡之一,地理位置大概相当于现在的山东临沂。西汉伊始,王氏家族就一直居住在琅琊,直到西晋末年"永嘉之乱",他们才衣冠南渡,举族迁往金陵。东晋时,这个家族成了"王谢袁萧"四大豪门之首。刘禹锡"旧时王谢堂前燕,飞入寻常百姓家"中的王家指的就是"琅琊王氏"。

有人做过统计,从三国至唐末这将近七百年时间里,琅琊王氏共出宰相92名,其中不乏王导、王廙(yì)、王僧虔这样的名相。琅琊王氏也曾出过王戎、王羲之、王献之这样的文化名人。南朝人沈约评价琅琊王氏说:"自开辟以来,未有爵位蝉联,如王氏之盛者也。"[2]

王阳明画像(陈斌荣 摄)

查继佐所提到的王阳明先祖王览是历史上有名的孝子之一。"二十四孝"中的"卧冰求鲤"的故事讲的是王览的哥哥王祥。大冬天,继母朱氏想吃鲜鱼,王祥便赤身卧于冰上,冰忽然自行融化,水中跃出两条鱼。吃了这两条鱼之后,继母果然病愈。

中国历史上后娘虐待继子的故事屡见不鲜,一般来说,在这样恶劣环境的熏陶之下,后娘所生的孩子都会在母亲的庇护下成为同父异母兄长的死对头。舜的异母弟象曾多次想毒死舜。可是王阳明的先祖王览成了这类故事中的另类主角。在母亲虐待哥哥王祥时,他时时想着护卫哥哥、感化母亲。母亲打哥哥时,他总用自己的身体护住哥哥。母亲想用鸩酒毒死哥哥,他就伸手接过酒碗,准备替哥哥赴死。后来,兄弟两个都成家了,母亲虐待嫂子,王览又让自己的妻子代嫂子受过。

王阳明在传授良知学说时,几乎没有援引过自己先祖的事例。但笔者在读阳明学说时却产生这样的联想,阳明良知学说的源头可以追溯到西晋初年的王览身上。王祥和王览年龄略小于诸葛亮,因为以孝悌著称,他们两兄弟在西晋初年都被荐举到朝廷担任要职。王祥有五个儿子,王览生了六个儿子。王览的长孙王导历任东晋元、明、成三帝的丞相,权威显赫。王阳明"姚江秘图山派"这一王氏支脉隶属于以王导为一世祖的"乌衣大房"世系,他们于北宋末年移居余杭,南宋时期又迁居上虞达溪,王阳明的九世祖王季率家庭迁至余姚城内的秘图山麓,从此在余姚定居。

王阳明的六世祖王纲也是一个值得大书特书的人。王纲和刘伯温是好朋友,刘伯温看重他的才华,想劝他参与抗元起义,他这样回绝:"老夫乐山林,异时得志,勿以世缘累我。"[1]洪武四年(1371),王纲已七十岁高龄,还是被刘伯温荐举给朝廷,担任兵部郎中。后来,广东潮州发生兵变,王纲受命为广东参议,负责监督兵饷,王纲携年仅十六岁的儿子王彦达出征,很快平定了这场叛乱。在返回增城的途中,王纲父子被海盗曹真拦截,曹真请王纲担任海盗船队统帅,王纲不从,试图对曹真好言相劝。曹真不为王纲所劝,连日前往拜请王纲,王纲忍不住责骂曹真,被曹真所杀害。王彦达也对曹真痛骂不已,曹真想将王彦达一并杀害,但认为"父忠子孝,杀之不祥",于是留下粮食后不顾而去。王彦达逃过一死后,用羊革包裹父亲的尸体返回故乡。过了几年,御史郭纯将王纲横死之事上报朝廷。皇帝听后大为震惊,下诏在增城为王纲建造庙堂,以表彰他的忠烈。[2]

第二节 缄默天才,叛逆少年

浙江大学董平教授在《传奇王阳明》一书中用"奇特"这两个字来概括王阳明的一生,还一口气列举了王阳明生活之中八件"奇特"之事。王阳明的这些奇特事迹基本都源自正史或阳明弟子的叙述,按理说可信度较高。但考虑到王阳明在明末被他的弟子与再传弟子当作神来崇拜,这些事迹可能不无夸

大的成分。

王阳明的祖父王伦是个贫寒而又快乐的教书先生,钟爱竹子,学者称之为竹轩先生。王阳明的父亲王华当时正在为考取功名而发奋读书。他们一家住在龙泉山北麓,那幢房子后来被人们唤作瑞云楼。1472年10月31日(明成化八年九月三十)王阳明就出生在这幢两层的木楼之中。与正常孩子只在娘胎里待四十周不同,天才的孕育期似乎要更长一些,王阳明在母亲肚里安睡了十四个月。王阳明降生的那天夜里,他的祖母岑氏做了一个美好的梦,她梦见一队非常美丽的仙人身披灿烂的衣裳,驾着一片祥云,将一个婴儿塞到她的怀中。岑氏正准备伸手接住婴儿,隔壁儿媳的房间里就传来了婴儿的啼哭声。王伦当即决定给这孩子取名王云。

按中国古人的想法,一个人在娘肚里待的时间越长,便越聪明。据说李耳(老子)在他母亲肚子里待了八十一年,所以他天生聪慧过人。小王云看上去聪明伶俐,可到五岁还未开口说过一句话。后来经一位僧人指点,王伦将孙子的名字改成守仁,这孩子马上就能开口说话了。

虽是经僧人提醒而改的名字,"守仁"这一名字还是颇有来历的。"守仁"二字出自《论语》:"知及之,仁不能守之,虽得之,必失之。"这一名字提醒王阳明要靠着品德去守卫智慧所达到的境界。

出生书香门第的王阳明很早就开始接触儒家经典,十一岁时已经能够写出较为成熟的诗篇:"金山一点大如拳,打破维扬水底天。醉倚妙高台上月,玉箫吹彻洞龙眠。"[1]

王阳明十岁那年,他父亲王华高中状元。第二年,他被祖父带到京城接受正规的学校教育。王阳明在学校的叛逆表现让家长老师都十分担忧。

没有哪位老师会喜欢爱顶撞自己的学生。王阳明在12岁那年狠狠地顶撞了老师一回,甚至可以说王阳明顶撞的是当时的教育制度与统治集团。那天,他莫名其妙地问了老师一个人所共知的问题:"什么是人生的头等大事?"老师给出了一个非常励志的答案:"及第做状元。"王阳明却坚决地否定了老师的答案,说自己将"读书做圣贤"当成人生头等大事。

王阳明在京城读书时还爱逃课外出。有一次他逃课外出逛街,在街上与鸟贩子发生争执。恰巧有一位相士从那儿经过,他一看阳明的面相即生感触,于是买下那只鸟送给他。然后劝他读书自爱,前途无量。

可能是因为父亲已经中过状元了,王阳明一直没有把考取功名当成人生的大事。十五岁那年,他突然放弃学业离家出走,到边疆去考察居庸关、紫荆关、倒马关。他和少数民族的少年一起骑马射箭,互相追逐。王阳明身手敏捷,箭法精准,那些少数民族的少年都对他肃然起敬。

冯梦龙在通俗小说《王阳明出身靖难录》中讲了一则王阳明以鹗警示继母的故事。丧母之后,继母待阳明较为苛刻。一日,趁继母外出,阳明将一只活鹗塞进继母的被窝。中午,继母打开被子午睡时,看见鹗从被子中飞出,脸色大变。鹗一向被视为不祥之物,继母甚是担忧,请巫师占卜。那早已被阳明收买下来的巫师对继母说:那只鹗是阳明的生母所化,提醒继母要善待阳明。

正因为王阳明少年时代这些疯狂举动,原多伦多大学秦家懿教授将王阳明视作"狂者"。[3]

第三节 五溺三变,玩物得志

王阳明身上有诸多自相矛盾之处,他看上去有些调皮捣蛋、任性张狂;但每每喜欢上一样事物,他又能苦心孤诣、潜心就学。他从少年起就体弱多病,但纵观他的人生之路,我们又会觉得他精力旺盛,涉猎广泛。

王阳明的好朋友湛若水指出阳明有"五溺":"初溺任侠之习,再溺骑射之习,三溺辞章之习,四溺神仙之习,五溺于佛氏之习。正德丙寅(1506),始归正于圣贤之学。"[1]湛若水所说的这"五溺"涉及四个大的方面:文、武、道、佛。很多人终其一生也难在某一个领域赢得人们的赞赏,而王阳明则在这四个领域都达到登峰造极的水准。在笔者看来,王阳明有些类似于李叔同,领悟力强,兴趣广泛,学习时又能执着刻苦。

阳明自幼立志要成为圣贤,他当时认为成为圣贤唯一的方法应该是朱熹所提倡的"格物致知",也就是要弄明白每一个具体事物的道理,最终达到"圣贤"无所不知的境界。王华的官府里满园都是竹子,阳明二十一岁那年与一位姓钱的朋友每天面对面"格"竹子。"格"了七天之后,竹道没能"格"出来,人却病倒了。

王阳明学道时也极其投入,许多有关王阳明的传记资料都记载了他结婚当天失踪的趣闻。阳明十七岁时奉父母之命去南昌迎娶江西布政司参议诸让的女儿,可就在婚礼举行的当天新郎失踪了。直到第二天,人们才在一道观里找到了王阳明。原来这新郎既不是逃婚,也不是去为新娘采办礼物,而是在南昌郊外铁柱宫里同一位得道高人谈了一晚的道学。到王阳明在会稽山阳明洞

修道时,他的道学功底已经非常了得,据说他已经掌握了"导引术",能预知谁会在哪个时间段走哪条路上山来探望自己。

结婚之后,王阳明在老丈人诸让的衙门待了很长一段时间。他并没有听从父母及岳丈的安排用心考功名,而是把老丈人贮藏的宣纸拿来练书法。他每天在衙门里笔走龙蛇,日积月累,把布政司的宣纸都给用光了。我们现在还能有幸见到王阳明的多处墨宝,当然会觉得他写得好,但好到什么程度可能我们自己判断不了。明代著名书画家徐文长用这样一段话评价王阳明的书法:"王羲之以书掩人,王守仁以人掩书。"也就是说,即使王阳明啥都不干,仅凭书法成就也能名垂青史,可因为他的丰功伟绩实在太多,结果人们反而忽视了他的书法成就。

从十一岁吟咏金山开始,至五十八岁生命终结,王阳明的文学创作从未停止。三十一岁前,王阳明勤学辞章,遍读先秦与汉代古文,终于积劳成疾,染上呕血病。王阳明留下了六百多首诗歌、一千余篇散文,还有九篇辞赋类作品。《古文观止》于明代散文只精选了十八篇,有三篇王阳明的作品,列明代第一。《四库全书》的编修纪昀一向持论甚严,他对王阳明的诗文有如下评价:"守仁勋业气节,卓然见诸施行,而为文博大昌达,诗亦秀逸有致,不独事功可称,其文章自足传世也。"[1]

就是在自己所钟爱的圣贤之事上,王阳明的态度与主张也是多变的。钱德洪概述阳明学说凡历三变:(1)少年之时驰骋于辞章;(2)已而出入二氏;(3)继乃居夷处困,豁然有得于圣贤之旨。阳明之教,亦历三变:(1)居贵州时,首与学者为"知行合一"之说;(2)自滁阳之后,多教静坐;(3)江右以来,始单提"致良知"三字。[1]

在王华和诸让等人眼里,王阳明热衷这些玩意儿都只是"玩物丧志",读书人应以功名为目标。王阳明把功名看得很淡,但他还算一个孝子,不会跟父母岳丈对着干。尽管经历了两次挫折,但凭着过人的天资,王阳明还是在二十八岁那年考中了进士二甲第七名。

第四节　人浮宦海,心怀良知

我们知道,王阳明所处的明代中期在中国历史上以皇帝昏庸、宦官猖獗、文人压抑而闻名。在其他朝代,文人基本都能享受"达则兼济天下,穷则独善其身"的自由。在明代,一进官场,除非皇帝特别恩准,就再无辞职隐居的可能。官员当中挨鞭刑、下牢狱、被贬谪、遭灭族的不在少数。二十八岁后的王阳明就处于这样的政治环境中。

因为科举成绩出众,王阳明仕途的起点要高于一般读书人。在短暂实习后,他就获得了刑部云南清吏司主事这样的正六品实职。到五十岁平定宁王之乱后,王阳明的官位已经升至南京兵部尚书(正二品),而且还被授予新建伯的爵位。光看干部履历表,我们会产生王阳明在官场混得风生水起的错觉。其实王阳明的才情、个性,与明代的官场可谓格格不入。

中国的官场讲究"唯上是从",而王阳明则一直以"唯民是依"要求自己。王阳明依据古本将朱熹考订的"大学之道,在明明德,在新民,在止于至善"改回"大学之道,在明明德,在亲民,在止于至善"[1],就体现了他的亲民主张。他认为官员的职责不是去改造百姓,而是去顺应百姓的呼吁。王阳明在庐陵任知县时,许多百姓来县衙上访,要求取消"葛布"之赋。王阳明没有敷衍了事,也没有试图靠着自己的口才去说服百姓。在详细考察县里的情况之后,他以自己的官职担保,请求上级政府免除了庐陵县所有的赋税。

中国的官场讲究"因循守旧",而王阳明走到哪里都试图"革故鼎新"。入职的第五年,应山东监察御史陆偁邀请,王阳明到山东去主持乡试,这位青年才俊出了一道让所有考生抓狂的试题:所谓大臣者,以道事君,不可则止。这道题目出自《孟子》:"君之视臣如手足,则臣视君如腹心;君之视臣如犬马,则臣视君如国人;君之视臣如土芥,则臣视君如寇仇。"问题是朱元璋建立明朝之后反感"民贵君轻"的提法,把《孟子》中的这一段文字给删掉了。王阳明的这道题目不是明显有违当时的主流价值观吗?在南赣汀漳平乱期间,他所辖之处都推行自创的"十家牌法"。虽然最终取得了很好的效果,但这类创新做法在官场是极易遭到非议的。

中国的官场讲究"明哲保身",而王阳明却总爱为别人的事"挺身而出"。王阳明近三十年宦海生涯中最大的一场灾难就是为他人上书言事导致的。1506年,南京户科给事中戴铣、监察御史薄彦徽等人上书要求严惩刘瑾等宦官,结果被投入锦衣卫的大狱。当时在兵部担任主事的王阳明与此事毫无关联,而且他的行政级别也太低,还轮不到他为这事发言。可王阳明还是压制不住心中的正义,用委婉而平和的语气给皇帝上书(《乞宥言官去权奸以章圣德疏》),要求朝廷释放戴铣等人。换来的却是被拖上朝廷,结结实实挨了四十记大棍,然后被发配到贵州龙场。

王阳明这种鲜明的个性,有时也会赢得少数正直之士的赏识,但它更容易招致妒忌与祸患。王阳明也清楚自己不适合在这片土壤生存,他多次上书请求回家休养,却总不被许可。无奈之下,王阳明便在为官期间借讲学、修禅、问道来逃避现实。五十七岁时,正在广西征战的王阳明自知不久于人世,请辞不成,拖着病体强行离职。最后客死江西南安,也可谓"鞠躬尽瘁"了。

第五节 文人带兵,战功赫赫

明王朝授予王阳明"新建伯"爵位,是因为他靠着出众的军事才华,凭借一己之力粉碎了宁王朱宸濠的造反阴谋,在危难之际拯救了大明王朝。王阳明的军事韬略在日韩等国广为流传。据说在中日甲午战争、日俄海战等著名战役中立下首功的东乡平八郎随身佩带着刻有"一生伏首拜阳明"大字的印章。[4]

王阳明青少年时期就是个军事发烧友。他十五岁时独闯居庸三关,练习骑术与箭法。二十五岁,第二次会试落榜之后,他并没有重整旗鼓投入新一轮的复习迎考,而是将全部精力投入到兵法学习当中。他搜罗来了各种传世的兵法秘籍,进行系统的研究。还喜欢在家里当着客人的面演示各种布阵之法。入仕之后,王阳明的第一份差事是到工部"观政"(实习),朝廷让他去监督建造威宁伯王越的坟墓。王阳明用军队常用的"什伍之法"来管理建造坟墓的民工,大大提高了工程建造的效率与质量。

如果国家安定太平,王阳明这类文人的军事才华是得不到施展的。可明王朝内忧外患频仍,优秀将领总是捉襟见肘,于是,王阳明这类军事爱好者才被挪到军事岗位上。而他一上岗就取得奇效,于是朝廷每逢危难就会想到这位"文将"。王阳明一生曾在三次大型战事中立下奇功。

1516年,在江西、湖广、福建、广东四省交界的大片区域内形成了三个占山为王的土匪窝,朝廷多次派兵围剿,而收效甚微。受兵部尚书王琼推荐,王阳明担任都察院左佥都御史,巡抚南、赣、汀、漳,负责扫平这三大土匪窝。赴任之后,王阳明充分利用自己的职权,全面运用行政、经济、军事等多种手段安抚百姓、打击匪徒。只用了一年多一点时间,王阳明就让这四省交界地带百姓的生活重归于安宁。

1519年,在赴福建的途中,王阳明听到了宁王朱宸濠起兵造反的消息。在没有得到朝廷授权的情况下,王阳明和吉安知府伍文定一起率领吉安府有限的兵力阻击朱宸濠。在这过程中,王阳明先是设法躲过了朱宸濠对自己的追杀,而后又用"信息战"拖慢了朱宸濠进兵的步伐,在得到了一定的兵力之后再对朱宸濠施用"围魏救赵"的战术,最后在鄱阳湖大战中活捉朱宸濠。经此一战,连最嫉恨王阳明的人也不得不承认是这个人挽住了将倾的王朝大厦。

1527年,在王阳明即将走到生命终点的时刻,朝廷命令王阳明出征广西思恩、田州。王阳明连连上书辞任,都不获批准。思恩、田州的叛乱不同于南、赣、汀、漳的土匪劫掠,这里是少数民族地区,百姓跟着造反是因为朝廷"改土归流"的政策推行太过急促,严重侵害了当地土司的利益。据此,王阳明制定了"以抚代剿,土流并用"的八字平乱方针,迅速平定叛乱。在招安了叛乱首领卢苏、王受之后,王阳明让二人戴罪立功参与平定百里之外的断藤峡之乱,帮朝廷扫除了另一祸患。因为桂萼等奸臣的挑拨,当朝皇帝朱厚熜并不认可王阳明的征战功绩。

1529年1月9日,王阳明病逝于归乡途中,死前弟子问他有何遗言。阳明道:"此心光明,亦复何言?"阳明去世之后,嘉靖皇帝朱厚熜下令剥夺了王阳明"新建伯"的爵位,还禁止阳明心学的流传。

但历史会给王阳明以公正的判断。《明史》这样评价王阳明:"终明之世,文臣用兵制胜,未有如守仁者也。"[1]

第六节 心学光芒,照彻四方

王阳明的朋友胡世宁晚年评价王阳明时曾说:如果不是讲学过多,王阳明就差不多是一个完人了。依世俗的眼光来看,胡世宁的话无疑是中肯的。王阳明在世时招人嫉恨,主要是因为他的心学主张开罪了朱熹的徒子徒孙,死后遭人毁谤也是因为他的心学流传太广,影响太大。

可如果把讲学活动从王阳明五十七年的人生中撤除,那王阳明就很难说还是王阳明了。如果没有讲学,王阳明的圣贤梦又该如何实现?还是弟子最理解王阳明,钱德洪的这番话道出了王阳明的心声:"(阳明)平生冒天下之非诋推诋,万死一生,遑遑然不忘讲学;惟恐吾人不闻斯道,流于功利机智,以日堕于夷狄禽兽而不觉。"[1]一个以启蒙者自居的圣贤,怎忍心看着儒士的精神底线不断下降而无动于衷呢?

从三十四岁开始授徒讲学,到五十七岁病逝,王阳明每到一处,或创书院,或立社学,讲授心学。

1506年,被贬至贵州龙场的王阳明因陋就简在住所设立龙冈书院,围绕他的都是当地百姓,来听他讲课的还有不少语言不通的苗、彝民众。王阳明把自己经历磨难之后对圣人之道、对生命存在意义的独特领悟讲给他们听。他与弟子们一起在旷野中散步,一起在溪水边赏月,一起在茅屋的红烛下饮酒,一起探讨圣人的精神境界。他在龙场这一偏僻之所的讲学活动甚至惊动了贵州提学副使席书,后者竭力将王阳明邀请至贵阳文明书院讲学。

王阳明讲学的主要宗旨是人人皆可为圣贤,他否定了朱熹所倡导的"格物致知"之路,认为成圣贤的最佳途径是"致良知"。根据教学对象的变化,他的授课方式也多有变化:对儒学基础扎实的学生,他从《大学》入手讲述"致良知";对于文化基础薄弱的学生,他爱用生活中的琐事打比方;有些学生偏信佛道,他就用佛道的术语来点化学生;有一段时间,王阳明还要求学生静坐冥思体悟良知之学。

王阳明的"良知"学说是一门践行学问,他并不要求学生皓首穷经、博闻饱学。他认为:"人胸中各有个圣人,只自信不及,都自埋倒了。"[1]良知本在你我心中,久居世俗之中,私欲会将我们的良知遮蔽。因此,致良知的方法其实非常简单——去私欲。

王阳明从政之余基本上都在进行讲学活动。凡是他做过官的地方——庐陵、滁州、南昌等地,他没有不收徒讲学的。即使在戎马倥偬的军旅之中,一有空闲,也是如此。

随着王阳明在军政上的成功,他的心学也流传到大江南北。1523年前后,王阳明在家乡闲居教学,环居者比屋。阳明每临讲座,"前后左右环坐而听者,常不下数百人,送往迎来,月无虚日。至有在侍更岁,不能遍记其姓名者"[1]。

王阳明很享受同学生一起切磋良知学说的快乐。他留下的诗篇中很多是记录讲学之乐的,如:"讲习有真乐,谈笑无俗流;缅怀风沂兴,千载相为谋。"[1]

王阳明对于世儒讲学的状况有清醒的认识,他说:"世之讲学者有二:有讲之以身心者,有讲之以口耳者。讲之以口耳,揣摸测度,求之影响者也;讲之以身心,行著习察,实有诸己者。"[1]他讲学无疑是以身心讲的。

王阳明去世之后,国内传播阳明心学的王氏弟子分化成了诸多学派,明朝中晚期的学术活动大多与阳明心学有关。后来,阳明心学又由中国流传到了朝鲜和日本。

绍兴王阳明墓(陈允文 摄)

曾国藩这样评价王阳明:"王阳明矫正旧风气,开出新风气,功不在禹下。"[4]近代学者在考察日本之后,甚至得出这样的结论:日本明治维新之后能迅速崛起,其首功是阳明心学在日本的广泛传播。[2]

(本文根据笔者本人2014年9月17日授课录音整理而成)

参考文献:

[1]王守仁.王阳明全集[M].上海:上海古籍出版社,2012.

[2]高濑武次郎(日).王阳明详传[M].赵海涛,王玉华,译.北京:北京时代华文书局,2013.

[3]秦家懿.王阳明[M].北京:三联书店,2011.

[4]吕铮.明朝一哥王阳明[M].长沙:湖南人民出版社,2013.

第二章　文坛隐士王阳明

文成才情振拔，少年颇擅风雅。自讲学后多作学究语，乃不堪多录耳。

——【明】陈子龙《皇明诗选》

第一节 文学少年的惊艳亮相

王阳明出生于诗书之家,自幼接受文学熏陶,其文学天赋当然要超过常人。尽管阳明直到五岁才开口说话,但他一开口,就能满口"之乎者也"。据说,在祖父王伦将他的名字从"王云"改成"王守仁"后不久,他就能够随口背诵祖父所读过书中的语句。祖父问他什么时候学会了这些东西,他说在祖父读书的时候,他就默默记住了这些语句。

王阳明文学才华的初次展现是在随祖父进京途中。王阳明十岁时,他的父亲王华高中状元。第二年,既为共享天伦之乐,也为给小守仁提供更加优质的教育资源,王华派人接父亲和儿子进京。在镇江金山寺,王伦和客人饮酒赋诗。王伦正斟词酌句犹豫不决之时,侍坐一旁的王阳明替祖父吟诗一首:"金山一点大如拳,打破维扬水底天。醉倚妙高台上月,玉箫吹彻洞龙眠。"[1]看到年仅十一岁的小守仁出口成章,又颇有文采,客人既惊且疑。为考验守仁的才华,客人又出了一个题目,让守仁以"蔽月山房"为题再写一首诗,守仁随口回应:"山近月远觉月小,便道此山大于月。若人有眼大如天,还见山小月更阔。"[1]

《王阳明年谱》(以下简称《年谱》)记载这次赋诗时没有记录祖父和客人对王阳明诗歌的评价。如果把这两首诗视作成年人的诗作,我们会嫌这两首诗的模仿痕迹太重,而且第二首诗歌略显枯燥。但由于作者是一名十一岁的少年,我们不得不称赞这两首诗歌。前者意境阔大,而后者充满理趣;前者风格近于唐诗,后者风格近于宋诗。由这两首路数迥异的诗歌,我们可以倒推出祖父王伦并没有对王阳明写诗进行过专门的指导。因为古代学诗,指导者总会用自己的眼光来限制求学者,往往要求学诗者先专

王阳明故居(陈斌荣 摄)

攻某一诗家,学到他的精髓,而后再求博览。少年阳明能同时写出这两首风格迥异的诗歌,正说明他写诗没有在路数上受到太多的束缚。诗歌能从他这里脱口而出,只是他大量背诵古诗文的结果。

当然我们也得注意不要过分夸大少年王阳明的文学天赋。十一岁的少年能写出如此水准的诗歌,放在常人当中算得上天赋异禀,但着眼于整个中国古代文学史,就只能算是稀松平常。我们不必将王阳明与曹植、谢灵运等天才相比,就是明代中期也有很多天赋出众之人。"前七子"之一的何景明,六岁就能对对联,八岁就能写古文,十四岁能给人讲解《尚书》,他的早熟程度远在王阳明之上。"前七子"中的另一重要人物徐祯卿"家不蓄一书,而无所不通",十六岁写成《新倩集》,驰名于吴中一带。[2]

王阳明十五岁独闯居庸三关,在磨炼自己军事才华的同时也留下了另一首少年诗作:"卷甲归来马伏波,早年兵法鬓毛皤。云埋铜柱雷轰折,六字题文尚不磨。"[1]由这首诗歌我们不但可以窥探王阳明对于建立军功伟业的向往,也可以从他的偶像马援身上看出他对待文学的态度。马援后来以学者型将军而著称,但早年宁可去边关放牧也不愿意跟着老师逐字逐句地学习《齐诗》。

对于王阳明这样十二岁就立志成为圣贤的人来说,文学注定不会成为他终身奋斗的目标,文学学习也只是他求学过程中所修习的诸多学科之一。由现存的传记资料我们可以了解到,受家族遗风影响,阳明从幼年时就开始学道;十五岁前后,他是一名狂热的军事爱好者;十七岁那年,他专注于书法学习。

王阳明的文学天赋首次被文坛大佬肯定是在他初次会试下第之后。阳明会试落榜,父亲的僚友都来慰问。当朝宰相兼诗坛泰斗李东阳跟王阳明开玩笑说:"你今年没考上,来年一定能中状元,不妨给我们写一篇来科状元赋。"[1]王阳明立马提笔写成一篇《来科状元赋》,这些叔叔伯伯们连连惊呼天才。

第二节 交游"前七子"文学圈

在一般读者眼里,中国古典文学最繁荣的时代是唐宋时期。如果仅从顶尖文学精英的高度来考察,这一结论近乎正确;如果仅从诗歌这一中国古人最擅长的文学体裁来考察,这一结论堪称至论。但如果文学的繁荣也包括文学人口的多寡,甚至将小说、戏曲等通俗文学也纳入考察范围的话,我们可能会得出完全不同的结论,明代通俗文学的发达程度远胜于唐宋,明代文学作

品作者和读者的人数可能是唐宋时期的十数倍之多。

在有明一代存续的近三百年时间内,文学流派和文学社团层出不穷。仅在诗歌、散文领域,就先后出现过台阁体、茶陵派、前七子、后七子、公安派、竟陵派、唐宋派等著名的文学流派。

"前七子"是弘治、正德年间活跃在明朝文坛、政坛的一个较为松散的文学团体,它也是明代文学史上第一个以文学风气而引起极大反响的流派。"七子"的概念最早来自其成员之一康海的《渼陂先生集序》:"我明文章之盛,莫极于弘治时,所以反古昔而变流靡者,惟时有六人焉。北郡李献吉,信阳何仲默,鄠杜王敬夫,仪封王子衡,吴兴徐昌国,济南边庭实,金辉玉映,光照宇内,而予亦幸窃附于诸公之间。乃于所谓孰是孰非者,不溺于剖劂,不怵于异同,有灼见焉。于是后之君子,言文与诗者,先秦、两汉、汉魏、盛唐,彬彬然盈乎域中矣。"康海在此文中列出李梦阳(献吉)、何景明(仲默)、王九思(敬夫)、王廷相(子衡)、徐祯卿①(昌国)、边贡(庭实)六人,再加上自己,共七人。这就是后人所说的"前七子",只是未正式用七子命名。[3]《渼陂先生集序》一文作于1532年,其时王阳明已经过世三年之久,可见王阳明算不上"前七子"文学圈中的核心成员。

作为一个由后世为比肩"建安七子"而命名的松散型文学团体,"前七子"成员的交往并不限于康海所列举的七人。在1540年唐锜为杨慎所作《升庵长短句序》中,前七子的名单就有所变化。唐锜将李梦阳、何景明、边贡、郑善夫(少谷)、徐祯卿(迪功)、薛蕙(西原)、孙一元(太初)列为七子。由此可见,当时七子之称指,有明显的不确定性。[3]除了"七子"这一概念,当时也出现过"四杰"、"十才子"等提法。

据"前七子"的公认领袖李梦阳的《朝正倡和诗跋》记载:"诗倡和莫盛于弘治。盖其时古学渐兴,士彬彬乎盛矣,此一运会也。余时承乏郎署,所与倡和则扬州储静夫、赵叔鸣、无锡钱世恩、陈嘉言、秦国声、太原乔希大、宜兴杭氏兄弟、郴州李贻教、何子元、慈溪杨名父、余姚王伯安、济南边庭实。其后又有丹阳殷文济、苏州都玄敬、徐昌国、信阳何仲默,其在南都,则顾华玉、朱升之其尤也。诸在翰林者,以人众不叙。"在当时与李梦阳诗文唱和的二十人名单中,王阳明的名字赫然在列。

当代学者黄卓越在《佛教与晚明文学思潮》一书中提出,"七子派"应泛指

---

① 徐祯卿:字昌谷,一字昌国,明代文学家,被人称为"吴中诗冠"。著有《迪功集》。

以"七子"为中心的一大批文人,成员主要有:李梦阳、杭济、许天赐、边贡、王九思、刘麟、顾璘、熊卓、赵鹤、朱应登、杭淮、王守仁、张凤翔、康海、何塘(瑭)、王廷相、何景明、王尚絅、徐祯卿、孟洋、郑善夫、殷云霄、崔铣、倪宗正、吕柟、景旸、戴冠、唐龙、方豪、韩邦靖、毛伯温、孙继芳、管楫、汪文盛、张治道、薛蕙、李濂、林春泽、蒋三卿、马理、许宗鲁、马汝骥、吾谨、江浑。[2]在这一长列的名单中,我们也能找到王守仁的名字,排名还较为靠前。据此我们可得出另一结论,王阳明虽算不上"前七子"的核心成员,却也是前七子文学圈中的一员。而且我们还可以进一步论证,王阳明对于核心成员李梦阳、徐祯卿等人都产生过重要影响。

"前七子"的主要成员多为进士及第的青年才俊,赶上了弘治中兴这一政治相对清明的大好时机。他们不仅渴望在文学领域一扫台阁体、茶陵派的旧习气,也希望借着诗文革新来带动社会思想的改造。他们在文学主张上彼此呼应,在仕途方面也利益攸关。"前七子"的精神领袖李梦阳曾经四度入狱,他的第二次入狱就与王阳明的鼓动分不开。弘治十八年(1505),李梦阳写就《上孝宗皇帝书稿》,因为这次揭发的对象是皇后的弟弟,李梦阳不敢轻易将这奏疏呈递上去。在《秘录》中,李梦阳留下了这样的记载:"于是密撰此奏,盖体统利害事。草具,袖而过边博士(贡)。会王主事守仁来,王遽目予袖而曰:'有物乎?必谏草耳。'为予为此,即妻子未之知,不知王何从而疑之也。乃出其草示二子,王曰:'疏入,必重祸。'"问题的关键在于,王阳明一面警告李梦阳"疏入,必重祸"[4],一面又为李梦阳的上疏之举占出了较为吉利的卦辞。李梦阳受卦辞的鼓舞,冒着风险将奏疏递交朝廷,结果被罚入狱三个月。李梦阳并没有因此记恨王阳明,多年之后,当王阳明以理学家兼将军的身份名满天下之时,李梦阳与王阳明还有诗歌酬唱,比如其写于1524年的《甲申中秋寄阳明子》一诗:"风林秋色静,独坐上清月。眷兹千里共,眇焉望吴越。窈窕阳明洞,律兀芙蓉阙。可望不可即,江涛滚山雪。"

除与"前七子"的领袖李梦阳有着密切的交往,王阳明与徐祯卿也有频繁接触。徐祯卿比王阳明小七岁,三十三岁英年早逝。临逝前,徐祯卿嘱托王阳明为自己写墓志铭。在《徐昌国墓志》一文中,王阳明回顾了自己与徐祯卿等人的交往:"正德庚午冬,阳明王守仁至京师。守仁故善数子,而亦尝没溺于仙释,昌国喜,驰往省,与论摄形化气之术。当是时,增城湛元明在坐,与昌国言不协,意沮去。异日复来,论如初。"[1]王阳明这里所说的"数子"是指李梦阳、何景明、边贡等人,阳明与他们的交往要早于同徐祯卿的交往,待徐考中进士居

留京城,王阳明已经淡出文学圈,专注于理学。徐祯卿找王阳明聊的话题既不是文学也不是理学,而是道术。因为严肃正经的湛若水(元明)即侍坐一旁,徐祯卿总是满怀期待而来,失望而去。

黄绾的《阳明先生行状》也留下了王阳明与"前七子"交往的记载:"领弘治壬子年乡荐。己未登进士,观政工部。与太原乔宇、广信汪俊、河南李梦阳、何景明、姑苏顾璘、徐祯卿、山东边贡诸公以才名争驰骋,学古诗文。"[1]

据《年谱》介绍,王阳明热衷于文学是在二十岁格竹失败之后:"官署中多竹,即取竹格之;沉思其理不得,遂遇疾。先生自委圣贤有分,乃随世就辞章之学。"[1]青年王阳明亲附"前七子"文学圈大概出于以下几方面的考虑:一是自觉天分有限,无望成为圣贤,不如做个文豪;二是进士考试对应试者的文采要求较高,从事辞章训练有助于取得功名;三是想借着文学运动的声势去推动社会思想变革乃至吏治变革。

在痴迷于文学的那些年里,王阳明对于辞章之术可谓呕心沥血。据黄绾《阳明先生行状》记载:"(王阳明)日事案牍,夜归必燃灯读五经及先秦、两汉书,为文字益工。龙山公恐过劳成疾,禁家人不许置灯书室。俟龙山公寝,复燃,必至夜分,因得呕血疾。"[1]王阳明后来高超的文字技巧和巨大的文学成就主要获益于这一时期的扎实训练。

由于阳明的刻意隐藏,我们现在已经很难找到王阳明青年时期写就的诗作。从仅存的只言片语中,我们依然可以看出王阳明对于李梦阳等人复古主张的欣然接受。如《赠陈宗鲁》一诗,王阳明表明其学古主张:"学文须学古,脱俗去陈言。譬若千丈木,勿为藤蔓缠。又如昆仑派,一泻成大川。人言古今异,此语皆虚传。吾苟得其意,今古何异焉。子才良可进,望汝师圣贤。学文乃余事,聊云子所偏。"[1]"后七子"成员之一王世贞曾在《书王文成集后》中对王阳明青年时期的诗作下过这样的断语:"伯安之为诗,少年有意求工,而为才所使,不能深造而衷于法。"在王世贞眼里,阳明青年时期的诗歌刻意追求工整而显得不够自然,似乎要逊色于李梦阳与何景明的诗作。

第三节 理学家的傲慢与偏见

王阳明兴趣爱好之多变已有诸多学者论及,湛若水在《阳明先生墓志铭》中所提的"五溺三变"之说也早已深入人心。我们所关注的是,王阳明对于自己早年溺于"任侠"、"骑射"、"神仙"和"佛氏"都没有流露出过分的懊悔。龙场悟道之后，他甚至认为佛道与儒教殊途而同归。在与弟子交谈时，阳明常借禅宗和道教的术语来阐明道理。但对自己早年曾"溺于辞章"一事，他似乎讳莫如深。自与湛若水订交专注于理学之后，王阳明动辄对辞章之术恶语相向。

《年谱》记载："先是五月复命，京中旧游俱以才名相驰骋，学古诗文。先生叹曰：'吾焉能以有限精神为无用之虚文也！'"[1]王阳明认为文学是无用之虚文，其虚者有二：一是文学无益于自我完善，二是文学无益于社会改造。这一年王阳明三十一岁，此时他只意识到了文学之无益，还没有为自己后半辈子谋好出路。为了彻底脱离"前七子"文学圈，王阳明向朝廷告假回绍兴家中养病。其实，此前王阳明也曾思考过文学的功能问题。《年谱》记载："先生（二十七岁）自念辞章艺能不足以通至道，求师友于天下又不数遇，心持惶惑。"[1]从十二岁开始，王阳明心中的"至道"就只有一条——成为圣贤。当一名文豪只是他退而求其次的无奈之举。一旦条件允许，王阳明一定会弃文学而奔向理学。

现存传记资料没有任何证据表明王阳明在脱离"前七子"文学圈之前曾与圈子里的哪位文友交恶。反倒是"前七子"当中的两位领袖李梦阳与何景明之间因为文学理论的分歧有过多次火药味十足的论争。因此，我们可以认为王阳明之脱离"前七子"文学圈是听从内心召唤的主动选择，而不是被动疏离。

三十四岁与湛若水订交之后，王阳明广招弟子，四处推广身心之学，文学便成了他眼中阻碍人们成圣的障碍。他反复告诫弟子不可沉溺于辞章之术，有时也将社会腐败堕落的账算到文学头上。

在写给湛若水的信中，他这样谴责辞章之术："吾何以杨、墨、老、释之思哉？彼于圣人之道异，然犹有自得也。而世之学者，章绘句琢以夸俗，诡心色取，相饰以伪，谓圣人之道劳苦无功，非复人之所可为，而徒取辩于言辞之间，古之人有终身不能究者，今吾皆能言其略，自以为若是亦足矣，而圣人之学遂废。则今之所大患者，岂非在记诵辞章之习？"[1]在王阳明看来，辞章之术有害于圣道有二：圣人之道讲究正心诚意，而辞章之术强调夸俗饰伪；辞章之术夸耀的言辞会让人们满足于言语的表达，而不肯身体力行。

诗人顾璘也曾是"前七子"文学圈中的一员，后来效仿王阳明弃文从道，多次致信王阳明探讨身心之学。在《答顾东桥书》中，王阳明对辞章之术予以痛斥，在这封长信里，王阳明用了很大篇幅从正、反两方面来论证辞章之术的害处。他说因为上古没有辞章之术的蛊惑，人们能"孝其亲，弟其长，信其朋友，以复其心体之同然"。而当代，"有训诂之学，而传之以为名；有记诵之学，

而言之以为博;有词章之学,而侈之以为丽。若是者,纷纷籍籍,群起角立于天下,又不知其几家。万径千蹊,莫知所适。世之学者如入百戏之场,欢谑跳踉,骋奇斗巧,献笑争妍者,四面而竞出。"这些人"相矜以知,相轧以势,相争以利,相高以技能,相取以声誉"。这样一来,"知识之多,适以行其恶也;闻见之博,适以肆其辨也;辞章之富,适以饰其伪也"。[1]

王阳明之所以在从事理学之后就对文学如此鄙视,并不是他本人数典忘祖、刻薄寡恩,而是因为理学家历来瞧不上文学。宋代理学家程颐说:"某素不作诗,亦非是禁止不作,但不欲为此闲言语。且如今言能诗无如杜甫,如云:'穿花蛱蝶深深见,点水蜻蜓款款飞。'如此闲言语,道出作甚!"在这个迂老夫子眼里,连杜甫的诗也只是些"闲言语",遑论其他。受程颐影响,朱熹也轻视诗文创作,他说:"然到极处,当自知作诗果无益。"[5]

王阳明从"前七子"文学圈抽身而出,李梦阳、何景明等人似乎颇能同情与理解,因为这些文坛主将对于理学也有着深深的向往,我们甚至可以认定,他们在一定程度上也认同理学高于文学的价值观。李梦阳、何景明二人求学时接受了严格的理学教育,在日后的仕途中都曾担任过提学副使(李梦阳曾任江西提学副使;何景明曾任陕西提学副使)。明朝提学副使的主要职责是负责管理所辖州县学校和教育行政事务,主要工作就是每岁巡视所部州县学校,考查师生学业和勤惰优劣并进行黜陟。李何二人先后获任此职,说明二人在提学副使的铨选中,其理学思想得到朝廷上下的肯定,足以成为众士子的榜样。何景明在陕西督学时,对张载的关学颇为注重,曾著文指出:"予读张子《正蒙》,知其详说之功;至于《西铭》,乃知其反约之旨。"李梦阳曾多次对周敦颐、程颐、程颢等宋代理学家极尽赞美之能事,认为"赵宋之儒,周子、大程子别是一气象,胸中一尘不染,所谓光霁风日也。前此陶渊明亦此气象"。[5]

"前七子"文学圈中由文学转攻理学的远不止王阳明一人。由于"前七子"文学复古运动在正德、嘉靖年间遭受严重挫折,"士大夫们不得不先后放弃个人与社会、情与理相统一的理想,转入个人的内心世界,对自我的价值、地位、生命本身的意义等进行理性思考,追求主体精神的独立和人格的完善"。[6]"前七子"成员王廷相晚年完成《慎言》《雅述》这两部哲学著作,标志着他完成了由文学家向理学家的华丽转身。"十才子"中的郑善夫、顾璘、王九思等人也由早期的"好为古文辞"转为后期的"重义理",弃文入道。就连何景明本人晚年也有弃文入道的打算。孟洋为何景明所撰墓志铭云:"迩年略去词章,尝称以为天下自有实用之学,竭精力犹弗逮,何暇文词无益也!"[5]

不同于王阳明的是,这些"前七子"文学圈的战士在转攻道学之后,并未完全放弃其文学事业。王廷相的一番话很有代表性:"有意于为文者,志专于文,虽裁制衍丽,而气象常塞,组绘雕刻之迹,君子病之。无意于为文者,志专于道,虽平易疏淡,而其理常畅,云之变化,湍之喷激,窅无定象可以执索,其文之至矣乎!"就文学思想而言,王廷相的这番话与陆游的一句诗十分契合:"汝果欲学诗,功夫在诗外。"[5]他们都觉得一心学文,文学境界不一定能够提升,反倒是专注于思想修养提升的人能够达到更高的文学境界。这说明王廷相他们虽已转攻道学,但依然重视自己的文学事业,依然看重自己的文学地位。

王阳明则完全不同,他对于"文字"一直保持着高度的警惕。王阳明在讲学过程中一直强调"口口相传",不曾编订刊印通行的教材。后来弟子将他讲学的实录记载下来,准备拿去刊印,他也曾极力反对。徐爱在《传习录》序中的一番话,颇能反映出阳明对于文字的态度:"圣贤教人如医用药,皆因病立方,酌其虚实温凉阴阳内外而时时加减之,要在去病,初无定说。若拘执一方,鲜不杀人矣。今某与诸君不过各就偏蔽箴切砥砺,但能改化,即吾言已为赘疣。若遂守为成训,他日误己误人,某之罪过可复追赎乎?"[11]阳明传授身心之学,首选身教,其次言教,文教则只是迫于无奈的下策。

阳明去世之后,阳明的弟子在为阳明编订文集时也遵照老师的遗训,一是诗歌只依年代来编订,不依诗歌体式分类;二是删去了所有王阳明青少年时期的文学作品;三是尽量保留语录、书信、奏疏之类有益道统的文章,删掉绝大多数赋、记之类的纯文学作品。这样王阳明留在世人心中的形象就只是一名儒学圣贤,而不再是一位文学精英了。就像武功盖世的高手选择归隐山林,王阳明从此成了文坛著名的隐士之一。

第四节 刻意遮蔽的文学光芒

王阳明对文学的鄙薄与攻击似乎惹怒了后世的文选史传编订者。清代沈德潜在编撰《明诗别裁集》时,李梦阳的诗歌选录了四十七首,何景明的诗歌选录了四十九首,而王阳明的诗歌只选录了三首。徐朔方、孙秋克所著《明代文学史》,共500余页洋洋三十余万字,其中不见王阳明的名字。而今人们在谈论王阳明的文学成就时,总爱引用《四库全书》编修的一番话作为佐证:"守仁勋业气节,卓然见诸施行,而为文博大昌达,诗亦秀逸有致,不独事功可称,

其文章自足传世也。"[1]其实,纪昀说阳明的文章"博大昌达",说阳明诗歌"秀逸有致",评价并不准确,说阳明"文章自足传世"也低估了王阳明的文学成就。

当然,也有一些后世编订者能够抛却王阳明的文学态度,高度肯定其文学成就。清代最重要的文学读本《古文观止》选录从先秦到明代的散文共222篇,其中明代文章共18篇,而王阳明一人的文章就选了3篇,是明代作者中选文最多的。孙康宜和宇文所安主编的《剑桥中国文学史》(下卷)对王阳明的文学成就也颇为肯定,该书不仅强调王阳明哲学思想对于"前七子"复古运动的巨大影响,同时用了较大篇幅介绍"知名诗人"王阳明的文学成就,说他早年的诗歌在京城颇受青睐,后来又能将自然山水与哲学沉思结合起来。[6]

如果我们把《王阳明全集》中所收录的诗歌与"前七子"领袖李梦阳、何景明的诗歌放在一起比较,会得出这样的印象,就诗歌内容而言,王阳明的诗歌题材更加广泛,视野更加开阔,思想更加深刻,也更贴近自然与百姓;就艺术形式而言,与李梦阳、何景明一样,王阳明也有意仿古,但王阳明仿古不着意于某一具体的朝代,更不拘泥于某一诗家,他的仿古注重形式与内容的统一,从不以词害意,能做到洒脱自如,不露形迹。

纵览《王阳明全集》中所收录的近600首诗歌,我们大概可以用博、真、深三字来概括其艺术特征。

不光是与"前七子"诗人群相比,就是同所有古代诗人相比,王阳明阅历之丰富也罕有对手。我们古代诗人所谓的坎坷多指科举落第与贬官,这两种经历王阳明都曾有过。率兵打仗则只有范仲淹、于谦等极少的诗人曾经参与,王阳明一生中指挥过三次大型战役,而且全部获胜。种地劳作只有陶渊明、苏东坡等极少数隐士曾经涉足,王阳明贬谪龙场后靠着自己种植的菜蔬过日子。王阳明对佛教和道教的钻研之深,在古代文人当中罕有对手。王阳明诗歌的"博",首先就是指其内容的博杂。如果我们把杜甫的诗作称为"诗史",王阳明的诗作似乎更像"诗百科"。就诗歌形式而言,王阳明诗歌的"博"体现在他的诗歌能"博"采众长。王阳明的诗歌有四言、五言、七言、杂言、辞赋。不管是古体还是近体,他对诗歌形式的把握都灵活自如。他的四言诗学《诗经》,五言诗学陶渊明,七言诗学杜甫,他对每种诗歌形式的模仿都能达到这种诗歌形式的极致水准。

就其整体而言,我国古代抒情诗胜过叙事诗,间接抒情诗胜过直接抒情诗。但所有好的抒情诗都遵循一个共同特色,那就是"情真意切"。王阳明诗歌之"真",既源自其"良知"学说,也源自他直率真诚的个性。爱就是爱,恨就是恨,高兴了就大笑,失落了就狂哭,王阳明的诗歌从不失其赤子之心。就诗歌艺术而言,王阳明没有刻意模仿李白,但他的率真与李白如出一辙。思念家乡了,他直呼:"我爱龙泉寺,寺僧颇疏野。"(《忆龙泉山》)升官得意之时,他喜笑忘怀:"山鸟欢呼欲问名,山花含笑似相迎。"(《杖锡道中用张宪使韵》)崇拜周敦颐时,他这样夸赞:"碧水苍山俱过化,光风霁月自传神。"(《萍乡道中谒濂溪祠》)龙场悟道之后,他窥见了程朱理学的局限,又这样批判周敦颐:"一自支离乖学术,竟将雕刻费精神。"(《再过濂溪祠用前韵》)新皇帝登基,正、反两方借着王阳明的学说议"大礼",王阳明本人却置身事外,用诗歌表明自己的鲜明态度:"无端礼乐纷纷议,谁与青天扫宿尘。"如果我们要借用王阳明自己的诗句来概括其艺术特征,那么这两句也许较为贴切:"不离日用常行内,直造先天未画前。"(《别诸生》)阳明入道之后的诗作,是对其日常生活的记录,是其内心世界的写照。"我手写我心"的提法虽未出现,可王阳明早已在实践这一理论了。

除七首四言诗刻意追求古雅之外,阳明诗歌的语言多显平淡朴素,但在这平淡朴素的外表之下,蕴藏着精深的哲思和幽深的情致。王阳明晚年致力于推行"良知"学说,在《王阳明全集》中留下了十八首"舒卷自如、畅达自恣"的"良知诗",这些诗歌不像宋代程颐、朱熹等人的"理学诗"那般沉闷枯燥、语言乏味,但其中的哲思我们必须反复诵读,不断结合自己的人生阅历来体悟,方能悟得一二。阳明晚年留下的四句教"无善无恶心之体,有善有恶意之动。知善知恶是良知,为善去恶是格物",连其高足钱德洪和王畿也争论不清。在阳明的诗歌中,我们可以读到他对父母、兄弟、知己、弟子的款款深情,也可以感受到他对弱势群体的深切关怀,就是率兵打仗之时,他也反复告诫自己尽量少开杀戒。阳明居留龙场时,看到一个被丈夫逐出家门独居山间的弃妇,为此写下《去妇叹五首》。"委身奉箕帚,中道成弃捐。苍蝇间白璧,君心亦何愆!"这组诗歌一开篇就交代妇女被抛弃的事实,用反语讥讽她丈夫的居心不良。"依违出门去,欲行复迟迟。邻姬尽出别,强语含辛悲。"这样的场景描写实中有虚,催人泪下,我们看到的是这位弃妇离家前的依依不舍,邻居的好言安慰,但心里所想的却是像王阳明这样的朝廷命官被逐出京城,投奔荒野。"空谷多凄风,树木何潇森!浣衣涧冰合,采苓山雪深。"组诗的最后极写山间条件之恶劣,生存之艰辛,让我们对弃妇的命运抱有无限的担忧。王国维曾经感叹:"余之性质,欲为哲学家则感情苦多,而知为苦寡;欲为诗人,则又甘感情寡而理性多。"王阳明之伟大就在于,他既有一流哲学家的理性,又具备一流

诗人的深情。王世贞在评价王阳明晚年诗歌时也承认他的诗歌做到了工整与自然的统一。

与王阳明的诗歌只得到部分人认可相比，王阳明散文的思想内容与艺术价值应该算是得到更加普遍的高度认可。自明末以来诸多的散文选本，都不会遗漏王阳明的文章。清人张汝瑚将王阳明散文辑入《明八大家集》，刘肇虞将其文章选入《元明八大家古文选》，韩国文论家南公辙甚至这样称赞王阳明的散文："明三百年作家辈出，而绝无好个文章，惟王阳明当属第一。"（南公辙《金陵集·日得录·气象》）[1]近几年，人们对于王阳明的《瘗旅文》、《象祠记》、《谏迎佛疏》等散文名篇已经有了全面而深入的解读。最近，王阳明的应举之作《志士仁人，无求生以害仁，有杀身以成仁》还被选入了中学教材。

在探讨王阳明散文的艺术成就之前，我们要注意王阳明对于文章本身的认识与体会。在《书玄默卷》一文中，王阳明曾说："德，犹根也；言，犹枝叶也。根之不植，而徒以枝叶为者，吾未见其能生也。"[1]王阳明一向视为人处世为根本，把言说作文看作末途。一个人如果是忠臣孝子，他动笔著文，一定会是佳作，即使不会作文，也不妨碍其德行之高著。而如果一个人耽于言辞修饰而没有尽到应有的忠孝友悌之责，那么他的文章再漂亮也不值一提。王阳明作文与作诗有同一标准，那就是力求"真诚"。钱德洪《〈刻文录叙说〉引》一文记录了老师的教训："作文字亦无妨工夫，如'诗言志'，只看尔意向如何，意得处自不能不发之于言，但不必在词语上驰骋。言不可以伪为。且如不见道之人，一片粗鄙心，安能说出和平话？总然都做得，后一两句，露出病痛，便觉破此文原非充养得来。若养得此心中和，则其言自别。"[1]对王阳明来说，文学始终是人学，文风同时也是人格。

因此，我们在探讨王阳明散文艺术成就之时，重要的不是评判其遣词造句能力之高下，也不是探究其篇章结构之优劣，我们要特别关注王阳明散文背后所树立的那个圣贤形象。

散文中的王阳明是不卑不亢、刚正不阿的。《答毛宪副书》一文写于王阳明贬谪至贵州龙场初期。一位当地官员跑到龙场指责王阳明没有及时去拜见思州太守，向太守行跪拜礼，龙场的老百姓痛揍了这位官员。思州太守将这事汇报到了贵州按察司副使毛科那里，毛科写信叫王阳明给太守道歉。王阳明这样回答毛科："跪拜之礼，亦小官常分，不足以为辱，然亦不当无故而行之。不当行而行，与当行而不行，其为取辱一也。废逐小臣，所守以待死者，忠信礼义而已。又弃此而不守，祸莫大焉。"[1]王阳明当然也考虑到了自己执拗可能会招致思州太守的进一步迫害,但他看待问题的角度不同于常人:"太府苟欲加害,而在我诚有以取之,则不可谓无憾;使吾无有以取之而横罹焉,则亦瘴疠而已尔;蛊毒而已尔,魑魅魍魉而已尔,吾岂以是动吾心哉!"[1]意思是,如果我有罪状,太守加害于我,我死而无憾;如果我没有罪状,而太守横加祸害,那我就譬如被瘴疠蛊毒之类的东西害死了,我又有什么可以遗憾的?

散文中的王阳明对于学问可谓求真务实,一丝不苟。南宋以来,人们总将朱熹与陆九渊视作死敌,信朱者不得奉陆,奉陆者必须弃朱。王阳明的朋友徐成之同王舆庵两人一个信朱一个奉陆,两人争论良久而无所结论,写信找王阳明裁决。王阳明说朱熹与陆九渊都继承了儒学的传统,只是各有局限,人们不必专执一端,而应取朱陆之所长以成互补。在《答徐成之》这封长信中,王阳明还振聋发聩地提出:"夫君子之论学,要在得之于心,众皆以为是,苟求之心而未会焉,未敢以为是也。众皆以为非,苟求之心而有契焉,未敢以为非也。"在这篇文章中,王阳明还批评了徐成之等人在学问中争强求胜的弊病:"然而二兄往复之辩不能一反焉,此仆之所以疑其或出于求胜也。一有求胜之心,则已亡其学问之本,而又何以论学为哉!"[1]两百年后,浙东史学的殿学章学诚在《文史通义》一书中所提出的"学者不可无宗主,而必不可有门户"与此可谓异曲同工。

散文中的王阳明通融豁达而又热情善良。王阳明贬谪至龙场之后,吃住都成问题,他初居茅棚,后住山洞,再后来才在当地人的帮助下建起了几间屋宇,王阳明将这些屋宇分别命名为"宾阳堂"、"何陋轩"、"君子亭"、"玩易窝",并各写文章以示纪念。王阳明的《何陋轩记》一文主旨近于刘禹锡的《陋室铭》,写法和思想却更接近苏辙的《黄州快哉亭记》。在文章的结尾,王阳明发出这样的感叹:"夷之民,方若未琢之璞,未绳之木,虽粗砺顽梗,而椎斧尚有施也,安可以陋?斯孔子所为欲居也欤?虽然,典章文物,则亦胡可以无讲?今夷之俗,崇巫而事鬼,渎礼而任情,不中不节,卒未免于陋之名,则亦不讲于是耳。然此无损于其质也。诚有君子而居焉,其化之也盖易。"[1]王阳明的《瘗旅文》堪称明代散文中的扛鼎之作。王阳明率仆人安葬了三位贬官至龙场的中土人士,并为他们写下这篇情真意切的祭文。这篇文章背后渗透着王阳明"万物一体"的哲学观念。在简要交代陆续听到老吏与他儿子和仆人相继离开人世的消息以及率仆人为他们安葬之后,王阳明开始反思明代贬谪官员的命运。一连串的追问,是对老吏一行的哀悼,也是对命运安排的深思与抗议。结尾楚辞体的铭文是如此悲怆,让人不忍卒读。

  散文中的王阳明忠孝两全又精明能干。宁波大学的何静老师曾以"大担当大自在"六个字来概括阳明精神。王阳明是那种看上去贪图安逸向往隐居,关键时刻又敢于挺身而出的勇士。读其《飞报宁王谋反疏》《江西捷音疏》《请止亲征疏》等奏疏,我们可以感受到王阳明平定朱宸濠叛乱时肩上的压力和心中的屈辱,更加钦佩王阳明的担当精神。《王阳明全集》中保留了多封请求探亲、省葬之类的奏疏,这些奏疏的核心主题都是孝亲。王阳明早年就有过出家之念,让他无法割舍的是骨肉亲情。"故臣之此行,其冒罪归省,亦情理之所必不容已者。然不以之明请于朝而私窃行之,是欺君也;惧稽延之戮,而忍割情于所生,是忘父也。欺君者不忠,忘父者不孝。世固未有不孝于父而能忠于其君者也,故臣敢冒罪以请。"(《乞便道归省疏》)这样的奏疏言辞恳切,足以让天下所有的孝子动容。从《添设清平县治疏》《旱灾疏》《乞宽免税粮急救民困以弭灾变疏》中我们可以看出王阳明不仅体察民情、关注民生,也能为老百姓的安居乐业想出一些非常实用的点子。这也是王阳明每到一处任官都非常受百姓欢迎的原因所在。

  2014年,习近平总书记在贵州考察时曾用"伟大的思想家、文学家、哲学家和军事家"来评价王阳明。一名三十岁之后就宣告退出文坛的隐士居然能获得伟大文学家的称号,古今中外能有几人?

(本文根据笔者本人2014年10月24日、10月31日授课录音整理而成)

参考文献:

[1]王守仁.王阳明全集[M].上海:上海古籍出版社,2012.

[2]刘坡.李梦阳与明代诗坛[M].南京:南京大学出版社,2013.

[3]薛泉.七子派考略[N].武汉大学学报,2011(3).

[4]张兵,徐艳芳.功名意识与生命意识的嬗递[J].求索,2013(7).

[5]魏强.李梦阳、何景明的反理学思想识解[N].宝鸡文理学院学报,2012(4).

[6]孙康宜,宇文所安.剑桥中国文学史[M].北京:三联书店,2013.

[7]熊礼汇.略论王阳明对明代散文流派演变之影响[N].武汉大学学报,2001(2).

第三章　王阳明诗歌赏读

　　独阳明先生之为言也,学继千秋之大,识开自性之真,辞旨蔼粹,气象光昭,出之简易而具足精微,博极才华而不离本体,自奏议而序、记、诗、赋,以及公移、批答,无精粗大小,皆有一段圣贤义理于其中,使人读之而想见其忠孝焉,仁恕焉,才能与道德焉,此岂有他术而侥幸致此哉?盖学问真,性命正,故发之言为真文章,见之用为真经济,垂之训为真名理,可以维风,可以持世,而无愧乎君子之言焉耳。

——【明】钟惺《王文成公文选序》

第一节　四言诗歌赏读

有室七章

其一
有室如簴①,周之崇墉②。室如穴处,无秋无冬!

其二
耿③彼屋漏,天光入之。瞻彼日月,何嗟及之!

其三
倏④晦倏明,凄其以风。倏雨倏雪,当昼而蒙。

其四
夜何其矣,靡⑤星靡粲⑥。岂无白日?寤寐永叹!

其五
心之忧矣,匪家匪室。或其启矣,殒⑦予匪恤⑧。

其六
氤氲⑨其埃,日之光矣,渊渊⑩其鼓,明既昌矣。

其七
朝既式⑪矣,日既夕矣。悠悠我思,曷⑫其极矣!

【注释】

①簴(jù):古代挂钟或磬的架子两旁的柱子。②墉:高墙。③耿:光明,明亮。④倏:忽然。⑤靡:没有。⑥粲:灿烂,鲜明。⑦殒:本义为死亡,这里是使动用法,让……死。⑧恤:同情,怜悯。⑨氤氲:烟云弥漫的样子。⑩渊渊:形容击鼓的声音。⑪式:通"逝",流逝。⑫曷(hé):怎么。

【赏读】

正德元年(1506),因为一封言辞相当委婉的奏疏,时任兵部主事的王阳明触犯了以刘瑾为核心的宦官集团,被廷杖四十,然后投入锦衣卫监狱。在锦衣卫监狱的五六个月,王阳明深切体味了大明王朝的黑暗与残暴。要将这份愤懑与怨恨之情排遣出来,又不至于招致统治者的屠刀,最合适的选择可能还属四言诗。本诗借鉴《诗经》四言句式,正因为《诗经》一向有"兴观群怨"之功能,便于抒发作者恪守道德人格的理想和忧国怨深的情怀。

首章描绘锦衣卫监狱深院高墙阴森恐怖之状。锦衣卫的牢室像钟磬两旁的柱子那般低矮,可它周边却筑着高耸坚实的墙壁。这里有如洞穴一般压抑,感受不到春夏秋冬的变化。"簴"与"穴"这两个比喻,前者新奇,后者平实,恰到好处地写出了牢室的低矮、阴沉、潮湿与压抑,如果我们进一步展开联想,则可认为"簴"象征着礼崩乐坏,"穴"象征着文明倒退。这牢室何尝不是大明王朝的缩影?

第二至第四章进一步描绘作者被囚拘牢狱的感受。牢狱屋顶残破,光线能从中微微漏入。我们似乎能借此仰视日月,可日月离我们又何其遥远。牢室忽明忽暗,雨雪时而飘至,加上凄冷的北风,即使白天这里也是灰蒙蒙的一片。黑夜何其漫长,看不到一丝星光。难道天上真的没有太阳了吗?他无时无刻不在咏叹。首章以牢室象征明王朝,这里以日月象征皇恩,都能看出诗人对大明王朝的失望至极。

第五章将诗人的忠诚与朝廷的残暴两相对照,让读者为赤子忠臣遭受不公待遇而扼腕。诗人所担忧的并不是一家一族之衰败,而是大明王朝的衰败。可这样的灾难一旦开始,又有谁会同情他们这些人惨遭屠戮呢?明武宗朱厚照登基之后,天天跟刘瑾等一班太监混在一起斗鸡走马、歌舞宴饮,就是不理朝政。为劝说皇帝远离这些小人,先有李东阳、刘健、谢迁等元老联名请愿,后有戴铣、薄彦徽等言官冒死进谏,继之又有王阳明这样的低级别官员越级上书。可结果呢?元老被迫提前退休,言官因言获死,阳明被投入大牢。这样的王朝还有谁会为它效命?这样的王朝能有什么希望?

第六章用象征与反讽手法表现明王朝的衰落。尘埃飘荡在空中,因为阳光的照射而显得烟云弥漫。急促的鼓点铿锵有力,声音激越能传到很远的地方。刚刚经历孝宗盛世,大明王朝外表上看还强壮有力,有谁会相信这一巨人已经染上了不治之症?

第七章以时光流逝来渲染自己的哀怨。早晨似乎倏忽间就过去了,太阳一下子就落山了。我这悠悠的哀思啊,什么时候才有个尽头。王朝如此黑暗,皇帝如此昏庸,忠臣的出路何在?这是王阳明无法回答的难题,他不会像黄巢那般揭竿而起,也无法效法自己的高祖遁石先生王与准选择避居山林。作为

一名深受儒学精神浸染的朝廷命官,他能做的只能是忍耐与等待。忍耐他们的昏庸与残暴,等待着下一个好皇帝期然而至。时间是疗伤的妙药,并不是因为它功效奇特,而是因为我们别无选择。

隋唐以后,四言诗极少单独运用,人们更习惯于将这一古老的诗歌形式作为铭文附在墓志的结尾,以示哀思。在王阳明现存的六百余首诗歌中,四言诗只有二十来首。《有室七章》算是王阳明四言诗的集中爆发。我们在品读时一定要注意这一文体与王阳明当时心境的高度契合。有如杜甫的《秋兴八首》,王阳明这七首四言诗各有其独立性,但不管是从艺术的角度还是从思想境界的角度均可视之为一个整体。

第二节　五言绝句赏读

芙蓉阁①二首

其一
青山意不尽,还向月中看②。明日归城市,风尘又马鞍。
其二
岩下云万重,洞口桃千树。终岁无人来,惟许山僧住。

【注释】

①芙蓉阁:位于安徽池州九华山九华街,又名"芙蓉庵",南宋嘉定年间(1208—1224)建,住持僧佛棱。后毁于火灾。明代释能演重修,继又毁于火,释宗佛再建。清代废。②看:这里读平声,kān。

【赏读】

弘治十五年(1502),王阳明以刑部清吏司主事身份赴江北审核囚犯资料,平反了许多十分棘手的案子。公差之余,王阳明顺道游览九华山。九华山为中国四大佛教名山之一,是地藏王菩萨的道场,山上多有佛教名刹。王阳明这次游览九华山,先后在无相寺、化城寺投宿,留下了二十多首诗作。

这两首五绝第一首押平韵,第二首押仄韵;第一首平易而清新,第二首庄重而深沉,在美学上具有很强的互补性。

第一首着重写诗人对城市游宦生活的厌倦和对山间自然景观与闲适生

活的向往。"青山意不尽"是对九华山美景的高度概括,九华山方圆百公里内有九十九座山峰,每座山峰都有不同的景致与特色。"还向月中看"则写诗人陶醉于大自然的美景之中,欣赏了白天的美景,还想看看月下的九华山有何不同。是啊,来了就要看个尽兴。明天我的生活就要回归原来的轨道了,游宦生活有什么可以称道的,唯有奔波忙碌而已。在这短短的二十个字之内,"青山""月中"与"风尘""马鞍"形成对举,前者代表九华山的清静、美好与闲适,后者代表游宦生活的枯燥、忙碌与无趣。在这对举中,诗人厌恶官场向往山林之情已跃然纸上。

第二首诗写芙蓉阁的高耸、奇特与清静。"岩下云万重"用夸张的笔调写芙蓉阁雄踞山巅,从寺中朝下俯瞰,只见云海万重。"洞口桃千树"则让我们看到了这座小庙的与众不同之处。道教以桃花为教花,佛教以莲花为教花。"芙蓉阁"以"芙蓉"为名,又是佛门圣地,庭院之中理应种植莲花。可这里寺院门口竟然种着千树桃花!这"洞"也颇有可疑之处,在王阳明以往的诗文中,"洞"并不实指"山洞"、"洞穴",而往往虚指道教中的"洞天"。唯一合理的解释是,"芙蓉阁"是佛道合一的宗教场所,而这正契合王阳明儒佛道兼修的理念。芙蓉阁香火不旺,异常清静,只有山僧偶尔来这里歇脚。而这份清静对王阳明有极强的吸引力。

就主题而言,这两首绝句有共同之处,都以表现对山野生活的向往为主题,第一首点出了仕宦生活的索然无味,而第二首诗则描绘了山僧的来去自由无拘无束。可此时,作者入职不过两年,年龄刚及而立,事业上也算一帆风顺。那么,作者在这两首诗歌中的情感表达是不是应景敷衍呢?绝对不是。王阳明游览九华山时已经萌生归隐之志,他不畏艰难探访道界奇人,与他们交流修道心得。从九华山回京不久,王阳明就向朝廷请病假,回到绍兴筑室修道。

在五言绝句中,以仄声押韵的极为罕见。第二首诗前两句对仗工整,又押去声韵,体现了王阳明别样的诗歌艺术追求。

第三节　五言律诗赏读

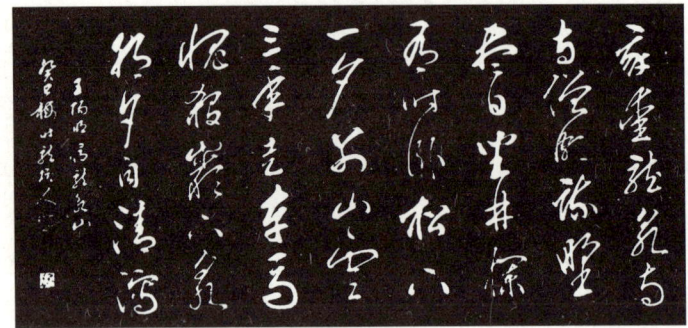

忆龙泉山

我爱龙泉寺，寺僧颇疏野。尽日坐井栏，有时卧松下。一夕别山云，三年走车马。愧杀岩下泉，朝夕自清泻。

【赏读】

弘治十七年（1504），王阳明在京担任兵部武选清吏司主事，回忆故园山水胜景，写下了这首五律。

龙泉山位于余姚市中心偏西，姚江北岸。传说远古时这里是一片汪洋，龙泉山是露出水面的一个小岛，故该山初名灵绪山、屿山。山腰有泉，泉水不大，但终

余姚龙泉山（陈允文　摄）

年不涸，名龙泉，东晋时此山改名龙泉山。龙泉山南麓的龙泉寺初建于东晋咸康二年（336），寺庙规模虽小，却因南宋高宗赐金修建以及众多名人在此讲学而闻名海内。王阳明故居瑞云楼位于龙泉山北首，王阳明父亲王华以"龙山公"为号，王阳明入仕前曾在龙泉山上设立诗社，后来又到龙泉山中天阁讲学，可见他们一家与龙泉山有着颇深的渊源。

诗歌开篇直抒胸臆，表达自己对龙泉寺的热爱，而且强调自己喜爱龙泉寺是因为这里的和尚性情"疏野"。唐代司空图在《二十四诗品》中对"疏野"作

过这样的描述:"惟性所宅,真取弗羁。拾物自富,与率为期。筑屋松下,脱帽看诗。但知旦暮,不辨何时。倘然适意,岂必有为。若其天放,如是得之。"因此,本诗中的"疏野"不应理解为粗俗、野蛮,而含懒散、率性、自然之意。诗歌中接下来两句的描写具体表现了这些和尚的"疏野":成天坐在井栏旁啜泉闲聊,累了就和衣横卧松树底下。王阳明对佛学兴趣浓厚,一生之中多次产生出家为僧的念头。据日本学者久须本文雄考证,王阳明一生共参访过八个省份的佛寺禅院四十余处。他每到一地都会去寺庙与那里的和尚深入交谈,交了不少僧友。龙泉山上的这些寺僧都是王阳明的故知,在王阳明的家乡图谱中,他们留有浓墨重彩的笔画。

  诗歌第三联转换视角,镜头由龙泉寺僧转到诗人自身。"一夕别山云,三年走车马。"对偶中有互文,"三年"应是虚指。如果从弘治十二年(1499)中进士入职算起,王阳明此时离开家乡已达五年之久。如果从阳明结束病假回京任职算起,他离开家乡的时间不满两年。此前,王阳明一家已经搬至绍兴城区居住,探访龙泉山再也不像以前那么方便了。为求学谋生,王阳明辗转许多地方,可无论走到哪里都牵挂着自己的家乡余姚。"愧杀岩下泉,朝夕自清泻。"以写景结篇,留有余味。"愧杀"即"愧煞",是明代的口语。有人认为诗人运用"我"、"愧杀"这样口语化词语会降低诗歌的格调,笔者却认为这是诗人在表达上的刻意追求。诗歌颔联点到寺僧疏野,只写了他们举止随意自然,未点明他们的语言清新质朴。这里运用口语说明自己与这些寺僧有共同语言。回想"龙泉",诗人为何要"愧杀"?因为泉水昼夜流淌始终明白自己的方向,泉水昼夜流淌而能始终保持自己的清纯,而自己身在官场要始终保持清纯与正直又谈何容易。

  游子怀念故乡可能不是因为故乡的风景特别优美,也不是因为故乡的生活特别优越,而是因为故乡有故知,故乡有最适合自己的生活状态,故乡留有自己童年的回忆。身处官场的王阳明怀念故乡泉水的清纯甘甜,向往故乡寺僧的率性自由。这颗赤子之心无须多重包裹,坦率直陈而熠熠生辉。

  本诗在形式上借鉴了李白的《赠孟浩然》,但描写的视角、主旨的表达、语言的调遣均有独到之处,属五律中的上乘之作。

第四节　五言古风欣赏

西园

方园不盈亩,蔬卉颇成列。分溪免瓮灌,补篱防豕蹢①。
芜草稍焚薙②,清雨夜来歇。濯濯③新叶敷,荧荧④夜花发。
放锄息重阴⑤,旧书漫披阅。倦枕竹下石,醒望松间月。
起来步闲谣,晚酌檐下设。尽醉即草铺,忘与邻翁别。

【注释】

①豕蹢(dí):牲畜践踏。豕,原意为猪,此处泛指牲畜。蹢:蹄子。②焚薙(fén tì):烧除。③濯濯:光明的样子。④荧荧:光闪烁的样子。⑤阴:同"荫",树荫。

【赏读】

王阳明来到贵州龙场之后,旋即遭遇缺粮的危机,他的诗歌《谪居绝粮请学于农将田南山咏言寄怀》记载了此事,这一时期他还写下了《观稼》、《采蕨》等同类题材的诗歌。从这些诗歌中,我们不仅能窥见阳明贬谪生涯生活上的窘迫,也能发现他在面对困难时的勇气,以及他与自然、邻居相处的和谐。居陋境亦能和乐安恬,这才是君子。《西园》是王阳明谪居期间田园诗的精品。

出身仕宦家庭的王阳明少年时见过农民劳作,却没有认真学习过农事。为从根本上解决缺粮的危机,王阳明找了一块抛荒之地来种植菜蔬花卉。为种好这块地,他没少去向当地的老农讨教经验。从当地老农那里,他学到了"下田既宜稌(tú,水稻),高田亦宜稷"(《观稼》)等基本的农作知识。但他又试着用江南农民精耕细作的文明来改变当地"刀耕火种"的落后面貌。由诗歌的前八句我们可以看到,虽是新手,王阳明却把这块田地莳弄得有模有样。这一亩不到的荒地上,如今菜蔬行列井然。为免拎水灌溉,阳明将溪流引到田边;为防牲畜入园毁坏,阳明在田地的四周扎上了篱笆。当地农民农作极为懒散,春天撒下种,就等着秋天收获,所以收成极差。阳明则能根据天气状况来调节自己的劳作,始终关注作物的生长,乐于施肥,勤于除草。种下的庄稼不久就长出了鲜亮的嫩叶,再过一段时间园中的花卉也逐渐绽放。在这平和的描述之中,我们不难读出阳明的欣喜与自慊。

诗歌的前八句写农间劳作及其成果,后八句写自己的农闲生活。劳作一段时间之后,诗人会放下锄头,到树荫下翻阅几本旧书。实在太过劳累了,诗人就躺在竹下的石板上睡觉,一直睡到明月升到中天才会醒来。傍晚时分,诗人再唱着当地的民谣信步回家,在屋檐下设小席以浊酒答谢四邻。诗人喝醉了随地而卧,连跟邻居道别的事都忘了。

王阳明青年时期就萌发退出官场归隐山林的心愿,向朝廷告假不获批准,向家人陈说无人理解。这场来自政敌的沉重打击竟然无意中帮助自己实现了归隐之梦,对阳明而言,人生有如一幕荒诞剧。此刻,那些繁琐的政事无须理会;此地,那些奸邪的政客不会露面。而与自然做伴,与淳朴的农民为伍,正是诗人求之不得的。这样,阳明将政敌的恣意打击转化成了个人融入乡土的狂欢。

《西园》一诗与苏轼的《东坡八首》颇为相像。因为受篇幅限制,《东坡八首》叙事、描写、抒情与议论熔为一炉,内容更加广博;而《西园》只用简洁传神的白描直写其事,不施议论。《东坡八首》典故较多,略显艰涩;《西园》语言平实自然,亲切有味。两人在诗风上都模仿陶渊明,生活态度也近于陶渊明。由这些诗歌我们大概可以得出这样的结论:圣贤其实是一种生活态度。苏轼能"不以物伤性,将何适而非快",阳明能"道在险夷随地乐,心忘鱼鸟自流形",是因为他们对生活始终心怀感恩。他们到哪里都能有所发现,有所创造。苦难对他们来说是财富而不只是折磨。

四明观白水(其一)

邑南富岩壑,白水尤奇观;兴来每思往,十年就兹①观。
停驺②指绝壁,涉涧缘危蟠。百源旱方歇,云际犹飞湍。
霏霏洒林薄,漠漠凝风寒。前闻若未惬,仰视终莫攀。
石阴署气薄,流触溯回澜。兹游讵③盘乐?养静意所关。
逝者谅如斯,哀此岁月残。择幽虽得所,避时犹难。
刘樊古方外,感慨有余叹!

【注释】

①兹:这。②驺(zōu):一般指管理马匹的官员或侍弄马匹的人,这里指马匹本身。③讵:难道。

【赏读】

正德八年(1513)五月,王阳明与徐爱等几位门生同登四明山。他们一行从上虞入四明山腹地寻幽探胜,阳明即景写了《归越诗五首》,其中两首以白水冲奇观为描写对象。

梁弄白水冲瀑布(陈允文 摄)

白水冲瀑布,在余姚市梁弄镇南四公里的白水山上。瀑布由山上四十二股溪涧汇流而成,垂直落差达53米,状若白龙飞天,声若沉雷震地,蔚为壮观。

诗歌前四句交代白水冲的地理位置以及自己对这一胜景的向往。余姚城南面四明山麓有很多高山深壑,白水冲算得上其中的奇特景观。一个"富"字,看似平淡、简洁,却蕴含了诗人对家乡的自豪之情。早就想登临观赏,可过了十年才实现这一愿望。看来诗人正为来得太迟而略生遗憾,这不正说明白水冲没有让诗人失望吗?

接下来十句描写白水冲带给诗人的视听冲击。"绝壁"形容白水瀑布周边山崖之险峻,"危蟠"将上山的小路比作弯弯曲曲的长龙,正与之相对应。诗人一行停下马匹,沿着弯曲的山路朝上攀登。这一年绍兴一带恰逢干旱,许多河流源头的旱情刚刚缓解,而白水冲的瀑流依旧湍急。站在龙湫前,瀑布溅起的水珠让林间白雾腾腾,游人不禁感到丝丝寒意。诗人不满足于站在岩前遥观听瀑,可抬头仰视那崖壁实在太过陡峭,如何攀登得上去!巨岩壁立的山间几乎没有暑热,瀑流撞壁回溯也不失为一道美景。从句式运用来看,这十句中有四个对句,六句散句,句式参差,体现了五言古诗的典雅。从描写内容上看,诗人将视觉、听觉、触觉糅合到一处,丰富了读者的体验与感受。

诗歌结尾八句就本次游览发表议论。诗人认为真正的快乐不是四处游冶,而是寻到僻静之所。眼前白水直贯而下的景象,让诗人感叹年华流逝,盛年不再。可这幽僻静雅的处所,正是刘纲与樊云翘炼丹成仙的地方啊。四明山是道教的三十六洞天之一,白水冲这一带就流传着关于多位神仙的传说。白水冲由道仙白公而得名,丹丘子和虞洪也曾在这炼过仙丹。可当地人更加津津乐道的是上虞县令刘纲和妻子樊云翘经常来这里比拼法术,后来双双得道成仙。王阳明幼年时就对道教产生了浓厚的兴趣,成年之后还曾在阳明洞中修炼道教导引之术,他对于刘樊二人得道成仙的经历一直心怀向往。

五言古风在结构上不像律诗那般对起承转合有着严格的要求。这首古风由近及远、由实及虚的写法,洒脱而又不失严整。

与李白对庐山瀑布和苏轼对百丈洪的描写相比,王阳明的这首五言诗气势上要输掉一大截,可诗人用感观的丰富细腻为自己扳回了一城。

第五节 七言绝句赏读

咏良知四首示诸生

其一

个个人心有仲尼,自将闻见苦遮迷。而今指与真头面①,只是良知更莫疑。

其二

问君何事日憧憧②?烦恼场中错用功。莫道圣门无口诀,良知两字是参同③。

其三

人人自有定盘针④,万化根源总在心。却笑从前颠倒见,枝枝叶叶外头寻。

其四

无声无臭⑤独知时,此是乾坤万有基。抛却自家无尽藏,沿门持钵效贫儿。

【注释】

①头面:比喻要旨。语出《朱子语类》卷六七:"缘《易》是一件无头面底物,故人人各以其意思去解说。"②憧憧(chōng):往来不定的样子。③参同:指"参同契"。东汉魏伯阳曾著《周易参同契》阐述阴阳变化之理、炼丹内养之道。④定盘针:即指南针,比喻衡量是非的标准。⑤臭(xiù):气味。

【赏读】

王阳明晚年讲学每以"揭良知"为主旨,居越之后,阳明共留下十八首与良知有关的诗歌,这些诗歌的思想境界与艺术水准都达到了极致。

第一首主要阐明良知普遍性的特点。"有仲尼",是说就良知"不虑而知"的先验性特征而言,愚夫愚妇的良知与圣人的良知本无二致。《传习录》中阳明曾对弟子讲过类似的话:"人胸中各有个圣人,只自信不及,都自埋倒了。"每个人就其本心而言都是圣人,可大多数人在成长求学的过程中,受朱熹等人"格物致知"理论的影响,一味追求外在"闻见"知识的增长,从而忽视了"德性"知识的扩充,人们的良知日益被蒙蔽。阳明要人们确信自己的良知与圣人无异,从而将更多精力投入到良知的发现与推广上来。

《论语》有言:"君子坦荡荡,小人长戚戚。"当人的良知被蒙蔽之时,他的私欲就会无限膨胀,而这膨胀的私欲会让人们变得患得患失、焦躁不宁。阳明认为有些弟子成日犹豫不定,主要是求学的方向出了问题。在阳明看来,圣贤之学不是支离破碎的见闻知识的习得,而是简易便捷的良知心学。对于儒子而言,求良知就是炼丹内养之道。如果我们能不断挖掘自己的良知,那么私欲也会得到遏制,这样我们才能做到无忧无惧、无患无虑。阳明好用佛道之学来说理,"参同契"是道家经典,道家的后学都会按照"参同契"的指点去炼丹内养,我们儒生也应将良知视作"参同契"。

要读懂第三首诗,我们需对宋明儒学"万物一体"的哲学观有所了解。王阳明在给季明德的信中说:"人者天地万物之心也,心者天地万物之主也,心即天,言心则天地万物皆举之矣。"这首诗的前两句旨在阐明良知的绝对意义,这良知虽在我们知是知非中呈现,但不单是在我们的生命内呈现,它不为我们的个体所限,它同时是乾坤万有(宇宙万物)的基础。随后,阳明又结合自己的求学经历来谈,自己以前也曾弄错方向,一味从万事万物中去寻求圣贤之道,真的是南辕北辙啊。读到这里,我们不由得想起阳明年轻时格七天七夜竹子的笑话。

就宇宙万物而言,良知有其绝对意义;就外在的闻见知识而言,良知有其客观意义;就每个良知本体而言,良知又有其主观意义。良知不是客观实在,它"无声无臭",无形无色,只是一个天理。人一念发动,分善分恶,良知自然知道。而这"人所不知而己所独知"之时,便是立善成善之根,便是乾坤万有之基。这良知是我们人人先天本有的,所以是自家的无尽宝藏。我们绝不能因为良知是独自知晓的就对它不理不睬,如果那样,我们与抛却万贯家财沿街乞讨的乞儿有何不同?

南宋陆九渊发现了理学的支离倾向和教条隐患,提出"宇宙便是吾心,吾心即是宇宙",成功地开拓出一条自吾心上达宇宙的外化道路。阳明的良知学说与其遥相呼应,倡导"易简",反对"支离",强调人人自有"良知",成圣之路即是自证内心之路。如果人们普遍相信"人人心中自有良知",那么个体的尊严便得到了确立。这四首诗歌反复吟咏"良知"这一关键词,其目的在于促使"良知"成为人们的信仰。信仰需要的不是知晓,而是确信。

单就哲理思想而言,这四首诗所涉极广,所指极深。可从字面来看,我们又会觉得这些诗歌极为浅易,句句自心中流出,亲切无比。这是王阳明晚年诗歌最为人称道的地方。

这四首良知诗的言说方式与佛家偈语接近,因此化外之人爱称这四首诗为《良知四偈》。

泛海

险夷原不滞胸中,何异浮云过太空!夜静海涛三万里,月明飞锡下天风。

【赏读】

(这首七言绝句的写作与王阳明的一段传奇经历有关)

正德二年(1507),三十六岁的王阳明即将赴任贵州龙场驿,宦官刘瑾派两名心腹跟踪,准备伺机杀害王阳明。到达杭州府后,王阳明因大病到胜果寺歇息休养。一日午后,王阳明一个人在廊内纳凉,被刘瑾派来的两名兵卒强行架走。行出不远,碰上胜果寺的邻居沈玉和殷计,阳明用眼神向两位示意。两位好心的邻居出手援救王阳明。他们软硬兼施,总算说服了两名兵卒同意王阳明投江自尽保全尸骨,又买了酒来同饮。在醉意蒙眬的兵卒的监视下,王阳明将外套、鞋子与纱巾放在江岸上,赤脚踏着泥沙向江中走去。随后,江中传来"扑通"入水的声音。兵卒捡起阳明的衣服鞋子回去向主子交差。

事实上,阳明这次并没有真的葬身鱼腹。趁着夜色,他将一块大石头扔向江中,制造投江的假象,自己则猫身沿着岸坎逃跑了。逃过一劫的阳明身着贴身衣服、光着脚搭乘一艘商船漂到了福建东北地界。

就在经历一路的凶险与磨难之后,王阳明写下了这首《泛海》。如果我们不了解阳明的这段经历,就只能是感觉诗歌气势磅礴,宏大壮阔。在了解了这些传奇之后,我们就会对阳明愈加敬佩。九死一生之后,阳明心头没有一丝的畏惧。"险夷原不滞胸中,何异浮云过太空!"这个"原"字意味深长,说明"险夷"本是心外之物,既是心外之物,它又怎能对阳明造成真正的伤害呢?这点

凶险对阳明来说,就像浮云从天空飘过。"浮云",是古代诗词中运用较多的一个意象,其特定的文化内涵有三:一是遮蔽阻挡,如"浮云蔽日";二是漂流无定,如"浮云游子";三是变化无常,如"浮云苍狗"。本诗中的"浮云"一词兼有这三层文化内涵。

诗人不但没有大难刚过的后怕,没有对政敌的仇恨,仿佛还津津乐道于自己经历了这样的大场面。"夜静海涛三万里,月明飞锡下天风。"在那寂静的夜里,我独览海天的壮阔无垠,瞬间从浙江来到福建,就好像隐峰和尚乘着飞锡(指僧人所用的手杖)游览五台、淮西一般畅快、惬意。据《释氏要览》:"今僧游行,嘉称飞锡。此因高僧隐峰游五台,出淮西,掷锡杖飞空而往也。"孙绰《游天台山歌》:"王乔控鹤以冲天,应真飞锡以蹑虚。"写得道之后的王乔驾鹤冲天,应真乘着飞锡御风而行。王阳明用这个典故照应"险夷原不滞胸中"一句,说明自己在狂风巨浪中即物悟道,仿佛成了得道高人,能平静地直面死亡。"夜静"、"月明"这两个意象显然是诗人心中的幻化之境,海上遇大风暴袭击,天昏地暗,大海疯狂咆哮,是不可能"夜静"、"月明"的。可透过这两个幻化而出的意象,我们不难窥见阳明内心的宁静与安适。

读过这样的诗歌,我们就会觉得王阳明是天生为大场面而生的,他的无忧无惧令对手胆寒。他能在军事、政治斗争中无往而不胜,不只是因为他谋略过人,更是由于他的思想境界要远远高过他的那些对手。

第六节　七言律诗赏读

南浦道中

南浦重来梦里行,当年锋镝尚心惊。旌旗不动山河影,鼓角犹传草木声。已喜闾阎多复业,独怜饥馑未宽征。迂疏何有甘棠惠,惭愧香灯父老迎。

【赏读】

古诗中多见"南浦"一词,如"画栋朝飞南浦云,珠帘暮卷西山雨"(王勃《滕王阁诗》),"南浦凄凄别,西风袅袅秋"(白居易《南浦别》),"南浦春来绿一川,石桥朱塔两依然"(范成大《横塘》)。因为屈原"送美人兮南浦"的影响,绝大多数情况下,南浦用来指代水边送别之所。本诗中的"南浦"实指南昌市郊一地名,至今南昌还留有南浦园和南浦亭等景观。王阳明四十八岁时在南昌平定朱宸濠的叛乱,随后又在这里担任江西巡抚。阳明为官清正廉明,处事宽仁公允,深受当地士民爱戴。嘉靖六年十月(1527年11月),阳明奉诏出征广西思恩、田州,途经南昌,"至南浦,父老军民,顶香林立,填途塞巷,至不能行"。这首诗写出了百姓对阳明的爱戴,也让我们窥见了阳明对百姓的关爱与牵挂。

诗歌的起句写自己对南浦的回忆。仿佛做梦一般,我又来到了故地南浦。曾几何时,与朱宸濠叛军的激烈战斗还让人胆战心惊。这"梦"既有诗人对南昌梦魂萦绕的成分,也不乏平定宁王之乱噩梦惊魂的成分。

三、四两句运用倒装,其正常语序应为:"山河不动旌旗影,草木犹传鼓角声。"意思是说,如今干戈早息,山河之间已不见旌旗之影;然而风吹草木,似乎仍带着鼓角之声。在杜甫诗集中我们经常能读到这种倒装句,阳明少年时曾认真研读杜诗,此即是明证。

颈联写诗人对于民生困苦的关切。朱宸濠在南昌一带为霸多年,民脂民膏已搜刮殆尽,后来此地又遭战火天灾,百姓生活异常困顿。阳明兼任江西巡抚时,多次上疏请求减免当地的赋税。时隔数年重回南浦,令阳明感到欣喜的是百姓已经能够重操旧业,安居一方,但自己的上疏似乎并未起到作用。(参见本书第五章《乞宽免税粮急救民困以弭灾变疏》赏读)

尾联引用《诗经·召南》中的典故:"蔽芾甘棠,勿翦勿败,召伯所憩。"《史记》中也有这样的记载:"召公巡行乡邑,有棠树,决狱事其下,自侯伯至庶人各得其所,无失职者。"后人往往用"甘棠之惠"或"甘棠遗爱"来颂扬已经离任的官员。阳明认为,自己虽然有心为百姓谋取福利,可那些上疏并未起到预期的效果,百姓这样"顶香林立"夹道欢迎自己实在让人心生惭愧。阳明的这番言语不是虚套客气之辞,而是真心流露的感痛之言。

阳明此诗风格上模仿杜甫,可在思想内容上却较杜甫走得更远。因为身份地位的原因,杜甫只能忧国忧民,发出"国破山河在,城春草木深","戎马关山北,凭轩涕泗流"之类的感叹,而阳明则能借助于奏疏、政令和军事救国爱民。阳明常说"良知"与事功不相悖离,此言不虚。

四明观白水(其二)

千丈飞流舞白鸾,碧潭倒影镜中看。藤萝半壁云烟湿,殿角长年风雨寒。野性从来山水癖,直躬更觉世途难。卜居断拟如周叔,高卧无劳比谢安。

【赏读】

王阳明游完白水冲之后,留下两首诗作,一为五言古体诗,一为七言律诗,将这两首诗合在一处参照阅读,能读出更多端倪,会有更深切的体悟。

在五古中,诗人描写白水瀑布可谓详尽而细密,先写遥想,再写登临,先写远眺,再写近观,一直写到瀑流撞壁回溯。而在七律中,限于篇幅,诗人只能用前两联来描摹瀑布之状貌。

首联正面描写。瀑布从千丈高的山崖倾泻而下,像一只白鸾翩翩飞舞。仅就比喻本身而言,这一比喻并不贴切。瀑流自上而下,飞快无比,鸾鸟是凤凰中的一种,它擅长由下而上飞升天际,不像老鹰那样擅长迅猛俯冲。诗歌中的比喻并不总是因为贴切而巧妙,如果喻体的出现能带给本体以特殊美感,这样的比喻也会带给读者新奇的感受。"鸾鸟"的出现让我们觉得这瀑布好美,又有谁会去细究它到底像不像?出句动感十足,而对句平静如水。不管瀑布如何激荡,瀑下的水潭依旧碧波平静有如一面明镜。"看"在这里读平声。在这平静的龙湫中,人们都能看清瀑布的倒影。这一联写景形象生动,读者也能从中悟出许多人生哲理:不管世事如何动荡,我心良知永恒。

颔联侧面描写。山崖半腰的藤萝被飞散的瀑流溅湿,白水冲下面道观的殿角长年浸润在这风雨寒湿之中。这一联用山腰藤萝与山下殿角从侧面写出瀑布溅起的水花既高且远,生动的描写中不失象征与哲理意味。如果说我们可以将首联理解为"我心岿然不动",那么颔联则暗示着环境对于人心的熏陶与浸染。"藤萝"学名"紫藤",是一种善于攀附、适应能力极强的藤本植物,用它来象征那些唯利是图的政客岂不妙哉!

颈联由自然转到人生。"野性从来山水癖"的正常语序应为"野性从来癖山水":像我这样性情狂野之人一向喜好游山玩水,亲身经历诸多事体(方言,事情)之后更感觉到人生道路之艰难。读到这里有的读者可能会产生疑问:这一联与瀑布有关吗?我们要注意到诗人通过前面两联的描写已经把瀑布自由不拘的特点呈现在我们面前,"世途之艰难"正与之形成对照。

尾联抒发观瀑之感。人生如此坎坷,不如卜舍隐居。在诗人看来,隐居就要像伯夷、叔齐一样不问世事不食周禄,而绝不可效仿谢安,身在山野心系朝廷。古人用典,其意图总是很可疑的,正用、反用和歪用都不在少数。作者表面上说自己绝不希望像谢安那样隐居之后还关心世事,随时准备出山为国效力。但如果我们联系王阳明的人生经历,我们会发现,他从未真正让自己闲散下来不问世事。他所渴慕的正是像谢安那样看似闲云野鹤,实则举足轻重。他总是于危难之际挽狂澜于既倒,又在事成之后漠视利禄与功名。

从结构上看,诗人写白水冲的五古和七律均引典作结,但前者出世论神仙,后者入世羡谢安。这其中的差别也许正是五古与七律之差别的写照。

杖锡①道中用张宪使韵

山鸟欢呼欲问名,山花含笑似相迎。风回碧树秋声早,雨过丹岩夕照明。
雪岭插天开玉帐,云溪环碧抱金城。悬灯夜宿茅堂静,洞鹤林僧相对清。

【注释】

①锡:锡杖,云游僧所持法器。杖锡即挂着锡杖,谓僧人出行。据说杖锡禅寺因创建者从仙界扔九环锡杖至四明山麓而得名。

【赏读】

杖锡位于四明山东麓鄞州与余姚交界处,海拔800至900米。正德八年(1513)初夏,阳明与弟子徐爱一行从上虞进入四明山,攀登锡杖道,借宿杖锡禅寺。阳明另有五言古风《书杖锡寺》记录这次杖锡之旅。

几个月前,阳明顺利通过吏部考核,升任南京太仆寺少卿,他最为赏识的弟子徐爱也由祁州知州升任南京工部员外郎。在一个美好的季节,有诸多同道好友作陪,此次四明山之游对王阳明而言是欢欣而愉悦的。这首七律就是阳明当时心境的真实写照。

首联用拟人手法写山鸟、山花欢迎诗人一行造访。"山鸟问名"、"山花笑迎"是诗人愉悦心情的投射。正如阳明在南镇所说的那段心学名言:"你未看此花时,此花与汝同归于寂;你既来看此花,则此花颜色一时明白起来,便知此花不在你心外。""山鸟问名"只是为了便于称呼,它不会在乎人士的名头大小;"山花笑迎"绝不是因为我们身居高位。大自然一向如此简单,我们只有放下了身外的名与利方能真正与自然融为一体。

杖锡海拔较高,气温低于周边平原地区。才初夏时节,树林间穿梭而行的凉风宛若秋风那般瑟瑟作响。雨过天晴,赤红山岩上的夕阳似乎更加明亮耀眼了。颔联对山间自然环境的描写亦可视作对阳明人生阅历的描摹。经历诸多磨难之后,过早进入人生秋天的王阳明可谓世事洞明人情练达了。因良知在怀,阳明除了拥有中年人的精明老到之外,又多了几分善良与豁达。

雪窦山在杖锡东南,海拔在800米以上。"雪岭插天开玉帐"运用夸张和

想象,说雪窦山直插云霄,像是玉皇大帝的居所。古诗文中的"金城"一般用来代指兰州城,这里应是虚指杖锡禅寺。云河围绕,群山环抱,杖锡禅寺也仿佛仙人境地。

律诗的水准很大程度上取决于颔联、颈联对仗的工整程度。本诗颔联、颈联都属工对。颔联上联写听觉,下联写视觉,"风"对"雨","碧树"对"丹岩",工整而不失灵动。颈联"雪岭插天"刚劲有力,动感十足;而"云溪环碧"则小巧可爱,温柔可亲。

尾联描写杖锡禅寺的清静雅致。夜幕降临,诗人一行借宿在这阒寂的禅寺,所见唯有洞鹤与寺僧。自林逋之后,鹤便成了修身洁行的象征。在阳明看来,修身洁行又如何能离开"清静"二字?阳明与弟子同行时,会见缝插针地于旅途中讲学。据阳明的另一爱徒钱德洪介绍,此时王阳明的讲学风格已由龙场时期一味倡导"知行合一"转为提倡"默坐澄心"。因此,我们可以推断,尾联中的"茅堂静"其内容不只在描写环境的清静,也点出了自己与弟子"静坐悟道"。

本诗四联都写景,起句热闹而结句清冷,意境又能协调统一。全诗四联都是对句,前三联用严对,第四联用宽对,律诗中如此别致的写法只有高手敢于尝试。

睡起写怀

江日熙熙①春睡醒,江云飞尽楚山青。闲观物态皆生意,静悟天机入窅冥②。道在险夷随地乐,心忘鱼鸟自流形。未须更觅羲唐③事,一曲沧浪④击壤⑤听。

【注释】

①熙熙:温和欢乐的样子。②窅(miǎo)冥:深远难见的样子。③羲唐:伏羲和唐尧,古代的圣明君主。④沧浪:《楚辞·渔父》:"沧浪之水清兮,可以濯我缨;沧浪之水浊兮,可以濯我足。"⑤击壤:《辞源》释击壤为"古游戏名",一般认为是古代的一种投掷类游戏。东汉王充《论衡·艺增篇》:"传曰:有年五十击壤于路者,观者曰:'大哉,尧德乎!'击壤者曰:'吾日出而作,日入而息,凿井而饮,耕田而食,尧何等力!'"

【赏读】

该诗作于王阳明谪居贵州龙场的第三年。这时阳明的生活较为安定,学术上的地位也得到了席书等地方官员的肯定。诗歌表现了阳明对于自然山水的热爱以及自己内心的豁达平和，还表达了他对于觅天理、成圣贤的独到理解。

首联描写春天来临山村田野一派和乐美好的景象：暖烘烘的太阳、洁白的云朵、绿意荡漾的远山。在这宁静而悠远的春日，诗人的生活非常闲适，午觉无人打扰，醒来之后一杯茶一卷诗足以打发午后的闲暇时光。"楚山"一词是我们理解首联的关键所在。龙场在蛮夷地带，"蛮山"、"夷山"、"远山"属正常表达，而这"楚山"则表明作者谪居此地甚为安适，产生了"直认他乡作故乡"之感。

颔联由描写转为议论。阳明曾经修道，但他对道家炼外丹的做法显然是不屑的。阳明认为，养生之道，莫过于闲与静。如果我们能闲观万物，则万物均如我们一样充满生机。这里的"闲观"要求我们放下利害之念，只从事物的本然状态去观察。如果我们能静下来好好体察自身，那么我们对天理的认知就会无比深邃。儒佛道三家都提倡"静坐"，但是作为一种修行方法，它们强调的重点各不相同。佛家的静坐，是为了追求内心的宁静，兼以求得真觉；道家的静坐，实是"导引"，尤其是为了求长生；阳明只以静坐补学，使身心集中。阳明认为静坐可以治心："日间功夫觉纷扰，则静坐。觉懒看书，则且看书。是亦因病而药。"由此看来，"静悟"与"闲观"，其目的都是要摒除"私心"，发现"本心"。当我们受"私心"主宰时，只能看到世界丑恶龌龊的一面；而当"本心"澄清之时，万物的美好都呈现在我们面前。

此时的阳明还没有明确提出"致良知"的概念，但他的良知思想已经形成。第三联"道在险夷"与"心忘鱼鸟"就在一定程度上将他的良知思想传达出来。如果我们忘却"鱼鸟"之类的私欲，那么无论处在什么样的环境中都能安闲和乐。"鱼鸟"在这里指代世间所有的琐屑利害。

尾联嵌入典故，表达"圣人之道，吾性自足，不假外求"的主旨。儒家一向提倡精英治国，"圣人出而天下治"。可阳明却认为，无须等待伏羲、唐尧转世再去享受盛世太平，更不必等到物质丰沛之后再去享受生活的乐趣。如果内心有所主宰，打打鱼、唱唱歌，像渔父一般随遇而安又有什么不好？

就诗歌风格而言，笔者认为本诗把杜甫和朱熹完美地结合到了一起，诗歌充满理趣，又不失清丽自然之风。

姚剧《王阳明》剧照(陈斌荣 摄)

第七节 其他优秀诗篇荐读

又四绝句(其四)

人间酷暑避不得,清风都在深山中。池边一坐即三日,忽见岩头碧树红。

西湖醉中漫书二首(其二)

掩映红妆莫谩猜,隔林知是藕花开。共君醉卧不须到,自有香风拂面来。

题四老围棋图

世外烟霞亦许时,至今风致后人思。却怀刘项当年事,不及山中一著棋。

山中懒睡四首(其一)

竹里藤床识懒人,脱巾山麓任吾真。病夫已久逃方外,不受人间礼数嗔。

因雨和杜韵

晚堂疏雨暗柴门,忽入残荷泻石盆。万里沧江生白发,几人灯火坐黄昏?

客途最觉秋先到,荒径惟怜菊尚存。却忆故园耕钓处,短蓑长笛下江村。

南 屏

溪风漠漠南屏路,春服初成病眼开。花竹日新僧已老,湖山如旧我重来。
层楼雨急青林迥,古殿云晴碧嶂回。独有幽禽解相信,双飞时下读书台。

广信元夕蒋太守舟中夜话

楼台灯火水西东,箫鼓星桥渡碧空。何处忽谈尘世外?百年惟此月明中。
客途孤寂浑常事,远地相求见古风。别后新诗如不惜,衡南今亦有飞鸿。

元夕二首(其一)

故园今夕是元宵,独向蛮村坐寂寥。赖有遗经堪作伴,喜无车马过相邀。
春还草阁梅先动,月满虚庭雪未消。堂上花灯诸弟集,重闱应念一身遥。

村 南

花事纷纷春欲酣,杖藜随步过村南。田翁开野教新犊,溪女分流浴种蚕。
稚犬吠人依密槿,闲凫照影立晴潭。偶逢江客传乡信,归卧枫堂梦石龛。

雪中桃次韵

雪里桃花强自春,萧疏终觉损精神。却惭幽竹节逾劲,始信寒梅骨自真。
遭际本非甘冷淡,飘零须信季风尘。从来此事还希阔,莫怪临轩赏更新。

萍乡道中谒濂溪祠

木偶相沿恐未真,清辉亦复凛衣巾。簿书曾屑乘田吏,俎豆犹存畏垒民。
碧水苍山俱过化,光风霁月自传神。千年私淑心丧后,下拜春祠荐渚蘋。

再过濂溪祠用前韵

曾向图书识面真,半生长自愧儒巾。斯文久已无先觉,圣世今应有逸民。
一自支离乖学术,竟将雕刻费精神。瞻依多少高山意,水漫莲池长绿蘋。

龙潭夜坐

何处花香入夜清?石林茅屋隔溪声。幽人月出每孤往,栖鸟山空时一鸣。草露不辞芒履湿,松风偏与葛衣轻。临流欲写猗兰意,江北江南无限情。

回军九连山道中短述

百里妖氛一战清,万峰雷雨洗回兵。未能干羽苗顽格,深愧壶浆父老迎。莫倚谋攻为上策,还须内治是先声。功微不愿封侯赏,但乞蠲输绝横征。

夜坐偶怀故山

独夜残灯梦未成,萧萧总是故园声。草深石径鼪鼯笑,雪静空山猿鹤惊。漫有缄书怀旧侣,常牵缨冕负初情。云溪漠漠春风转,紫茵黄花又自生。

草萍驿二首

九月献俘北上,驻草萍,时已暮。忽传王师已及徐淮,遂乘夜速发。次壁间韵纪之二首。

其 一

一战功成未足奇,亲征消息尚堪危。边烽西北方传警,民力东南已尽疲。万里秋风嘶甲马,千山斜日度旌旗。小臣何尔驱驰急?欲请回銮罢六师。

其 二

千里风尘一剑当,万山秋色送归航。堂垂双白虚频疏,门已三过有底忙。羽檄西来秋黯黯,关河北望夜苍苍。自嗟力尽螳螂臂,此日回天在庙堂。

归 兴

一丝无补圣明朝,两鬓徒看长二毛。自识淮阴非国士,由来康节是人豪。时方多难容安枕?事已无能欲善刀。越水东头寻旧隐,白云茅屋数峰高。

归兴二首(其一)

百战归来白发新,青山从此作闲人。峰攒尚忆冲蛮阵,云起犹疑见虏尘。岛屿微茫沧海暮,桃花烂漫武陵春。而今始信还丹诀,却笑当年识未真。

碧霞池夜坐

一雨秋凉入夜新,池边孤月倍精神。潜鱼水底传心诀,栖鸟枝头说道真。莫谓天机非嗜欲,须知万物是吾身。无端礼乐纷纷议,谁与青天扫宿尘?

别诸生

绵绵圣学已千年,两字良知是口传。欲识浑沦无斧凿,须从规矩出方圆。不离日用常行内,直造先天未画前。握手临歧更可语?殷勤莫愧别离筵!

破断藤峡

绕看干羽格苗夷,忽见风雷起战旗。六月徂征非得已,一方流毒已多时。迁宾玉石分须早,聊庆云霓怨莫迟。嗟尔有司惩既往,好将恩信抚遗黎。

平八寨

见说韩公破此蛮,貔貅十万骑连山。而今止用三千卒,遂尔收功一月间。岂是人谋能妙算?偶逢天助及师还。穷搜极讨非长计,须有恩威化梗顽。

啾啾吟

知者不惑仁不忧,君胡戚戚眉双愁?信步行来皆坦道,凭天判下非人谋。用之则行舍即休,此身浩荡浮虚舟。丈夫落落掀天地,岂顾束缚如穷囚!千金之珠弹鸟雀,掘土何烦用镯镂?君不见东家老翁防虎患,虎夜入室衔其头?西家儿童不识虎,执竿驱虎如驱牛。痴人惩噎遂废食,愚者畏溺先自投。人生达命自洒落,忧谗避毁徒啾啾!

见月

屋罅见明月,还见地上霜。客子夜中起,旁皇涕沾裳。
匪为严霜苦,悲此明月光。月光如流水,徘徊照高堂。
胡为此幽室,奄忽逾飞扬?逝者不可及,来者犹可望。
盈虚有天运,叹息何能忘!

第四章　王阳明心学语录赏读

　　有明学术,从前习熟先儒之成说,未尝反身理会,推见至隐,所谓"此亦一述朱,彼亦一述朱"耳……自姚江指点出"良知人人现在,一反观而自得",便人人有个作圣之路。故无姚江,则古来之学脉绝矣。

——【清】黄宗羲《明儒学案》

第一节 "心即理"语录赏读

一

或问:"晦庵①先生曰:'人之所以为学者,心与理而已②'。此语如何?"曰:"心即性,性即理。下一'与'字,恐未免为二。此在学者善观之。"

或曰:"人皆有是心,心即理。何以有为善有为不善?"先生曰:"恶人之心失其本体。"(《传习录上·陆澄③录》)

二

爱问:"'知止而后有定',朱子以为'事事物物皆有定理④',似与先生之说相戾⑤。"先生曰:"于事事物物上求至善,却是义外也。至善是心之本体,只是'明明德'到'至精至一'处便是⑥。然亦未尝离却事物。本注⑦所谓'尽夫天理之极,而无一毫人欲之私'者,得之。"

爱问:"至善只求诸心,恐于天下事理,有不能尽。"先生曰:"心即理也。天下又有心外之事,心外之理乎?"爱曰:"如事父之孝,事君之忠,交友之信,治民之仁,其间有许多理在。恐亦不可不察。"先生叹曰:"此说之蔽久矣。岂一语所能悟?今姑就所问者言之。且如事父,不成去父上求个孝的理?事君,不成去君上求个忠的理?交友、治民,不成去友上民上求个信与仁的理?都只在此心,心即理也。此心无私欲之蔽,即是天理。不须外面添一分。以此纯乎天理之心,发之事父便是孝,发之事君便是忠,发之交友、治民便是信与仁。只在此心去人欲存天理上用功便是。"

爱曰:"闻先生如此说,爱已觉有省悟处,但旧说缠于胸中,尚有未脱然者。如事父一事,其间温凊定省⑧之类,有许多节目⑨。不知亦须讲求否?"先生曰:"如何不讲求?只是有个头脑。只是就此心去人欲存天理上讲求。就如讲求冬温,也只是要尽此心之孝,恐怕有一毫人欲间杂。讲求夏凊,也只是要尽此心之孝,恐怕有一毫人欲间杂,只是讲求得此心。此心若无人欲,纯是天理,是个诚于孝亲的心,冬时自然思量父母的寒,便自要求个温的道理。夏时自然思量父母的热,便自要求个凊的道理。这都是那诚孝的心发出来的条件。却是须有这诚孝的心,然后有这条件发出来。譬之树木,这诚孝的心便是根;许多条件便枝叶。须先有根,然后有枝叶。不是先寻了枝叶,然后去种根。礼记言:'孝子之有深爱者,必有和气;有和气者,必有愉色;有愉色者,必有婉容。'须是有个深爱做根,便自然如此。"

郑朝朔⑩问:"至善亦须有从事物上求者。"先生曰:"至善只是此心纯乎天理之极便是。更于事物上怎生求?且试说几件看。"朝朔曰:"且如事亲,如何而为温凊之节,如何而为奉养之宜,须求个是当,方是至善。所以有学问思辨之功。"先生曰:"若只是温凊之节,奉养之宜,可一日二日讲之而尽。用得甚学问思辨?惟于温凊时,也只要此心纯乎天理之极。奉养时,也只要此心纯乎天理之极。此则非有学问思辨之功,将不免于毫厘千里之谬。所以虽在圣人,犹加精一之训。若只是那些仪节求得是当,便谓至善,即如今扮戏子扮得许多温凊奉养得仪节是当,亦可谓之至善矣。"爱于是日又有省。(《传习录上·徐爱录》)

三

侃去花间草。因曰:"天地间何善难培,恶难去?"先生曰:"未培未去耳。"少间,曰:"此等看善恶,皆从躯壳起念,便会错。"侃未达⑪。曰:"天地生意,花草一般。何曾有善恶之分?子欲观花,则以花为善,以草为恶。如欲用草时,复以草为善矣。此等善恶,皆由汝心好恶所生,故知是错。"曰:"然则无善无恶乎?"曰:"无善无恶者理之静,有善有恶者气之动。不动于气,即无善无恶,是至善。"曰:"佛氏亦无善无恶,何以异?"曰:"佛氏着⑫在无善无恶上,便一切都不管,不可以治天下。圣人无善无恶,只是无有作好,无有作恶。不动于气。然'遵王之道,会其有极',便自一循天理。便有个裁成辅相⑬。"曰:"草既非恶,即草不宜去矣。"曰:"如此却是佛、老意见。草若有碍,何妨汝去?"曰:"如此又是作好作恶。"曰:"不作好恶,非是全无好恶,却是无知觉的人。谓之不作者,只是好恶一循于理。不去,又着一分意思。如此即是不曾好恶一般。"曰:"去草如何是一循于理,不着意思?"曰:"草有妨碍,理亦宜去。去之而已。偶未即去,亦不累心。若着了一分意思,即心体便有贻累,便有许多动气处。"曰:"然则善恶全不在物。"曰:"只在汝心,循理便是善,动气便是恶。"曰:"毕竟物无

善恶。"曰:"在心如此,在物亦然,世儒惟不知此,舍心逐物,将格物之学错看了。终日驰求于外,只做得个义袭而取。终身行不著,习不察⑭。"曰:"如好好色,如恶恶臭,则如何?"曰:"此正是一循于理。是天理合如此。本无私意作好作恶。"曰:"如好好色,如恶恶臭。安得非意?"曰:"却是诚意。不是私意。诚意只是循天理。虽是循天理,亦着不得一分意。故有所忿懥⑮好乐,则不得其正。须是廓然大公,方是心之本体。知此即知未发之中。"伯生曰:"先生云:'草有妨碍,理亦宜去。'缘何又是躯壳起念?"曰:"此须汝心自体当。汝要去草,是甚么心?周茂叔⑯窗前草不除,是甚么心?"(《传习录上·薛侃⑰录》)

四

"专求本心,遂遗物理",此盖失其本心者也。夫物理不外于吾心,外吾心而求物理,无物理矣。遗物理而求吾心,吾心又何物邪?心之体,性也,性即理也。故有孝亲之心,即有孝之理,无孝亲之心,即无孝之理矣。有忠君之心,即有忠之理,无忠君之心,即无忠之理矣。理岂外于吾心邪?晦庵谓:"人之所以为学者,心与理而已。心虽主乎一身,而实管乎天下之理;理虽散在万事,而实不外乎一人之心。"是其一分一合之间,而未免已启学者心、理为二之弊。此后世所以有"专求本心,遂遗物理"之患,正由不知心即理耳。夫外心以求物理,是以有暗而不达之处,此告子义外之说,孟子所以谓之不知义也。心一而已,以其全体恻怛而言,谓之仁,以其得宜而言谓之义,以其条理而言谓之理。不可外心以求仁,不可外心以求义,独可外心以求理乎?外心以求理,此知、行之所以二也。求理于吾心,此圣门知、行合一之教,吾子又何疑乎!(《传习录中·答顾东桥⑱书》)

【注释】

①晦庵:朱熹,字元晦,号晦庵,别称紫阳。②语出朱熹《大学或问》。③陆澄:字原静,又字清伯,江苏吴兴人,正德进士,授刑部主事。④"事事"句见朱熹《大学或问》:"能知所止,则方寸之间,事事物物皆有定理。"⑤戾:乖戾,违背。⑥"至善"、"明明德"出自《大学》:"大学之道在明明德,在亲民,在止于至善。""精一"出自《尚书·大禹谟》:"人心惟危,道心惟微,惟精惟一,允执厥中。"⑦本注:指朱熹《大学章句》。⑧温凊定省:语出《礼记·曲礼上》:"凡为人子之礼,冬温而夏凊,昏定而晨省。"⑨节目:即礼节。⑩郑朝朔:广东揭阳人,官至监察御史,曾受学于王阳明。⑪未达:不能理解。⑫着:刻意,着意。⑬裁

成辅相:裁成天地之道,辅相天地之宜。(《周易》)⑭行不著,习不察:语出《孟子·尽心上》:"行之而不著焉,习矣而不察焉,终身由之而不知其道者,众也。"⑮懫(zhì):忿恨、愤怒的样子。⑯周茂叔:即周敦颐,字茂叔,人称濂溪先生。⑰薛侃:字尚谦,广东揭阳人,岭南明代大儒。⑱顾东桥:顾璘,明代诗人、官员,诗歌与李梦阳、何景明齐名,官至南京刑部尚书,比阳明小四岁。

【赏读】

"心即理"是阳明心学理论最为基础的学说之一,是阳明心学的逻辑起点。儒家所言之"心"不是生理上的器官,而是一种先验潜在意识,它有感知功能,有意念活动,能够判断是非善恶,具有主宰自身意识和行为的功能。《传习录》中"心"的所指大致有三层意思:(1)原始的,纯洁的"本心";(2)受私欲所蔽的"人心";(3)成圣者重新光复而得的"真心"。如果说"心"对应西方哲学的道德本体,那么"理"则可视作西方哲学的道德法则。"理"代表人性与物性的内在结构之所以然,是宋儒哲学思想体系的最高范畴。程颐给"理"所下的定义是"理也,命也,性也。"朱熹持相近观点:"天即理也,命即性也,性即理也。"朱熹认为"理"是外于"心"的绝对存在,必须通过"格物"才能致知,先泛观博览而后归于简约,他认为人要先掌握道德知识,然后才会有道德行为。

在语录一中,王阳明批判了朱熹析"心"与"理"为二物的支离理论,但未具体阐述为何"心"与"理"能够统一到一处。面对陆澄的质疑,阳明强调,人人心中都有道德法则存在,只是有些人会因为私欲的蒙蔽而失去"本心",从而由善转恶。

语录二侧重阐明"心外无物"、"心外无理"的理论。王阳明一面批判朱子从事事物物上追求至善的错误做法,一面又肯定朱熹对于"本心"所做的描绘。朱熹认为至善之心要从事事物物上寻求,只有当我们对无穷无尽的外物有了足够的理解,我们才能达到圣人的至善境界。阳明则认为"至善"是我们内心的本来状态,它有时会通过外物或做事来体现,但从来没有真正离开本心。"忠"、"孝"、"仁"、"义"这些至善之品质在事物方面有着诸多表现,但它们都是我们本心的外现而已。

语录三从两方面对"本心"展开探讨。首先,人对于是非善恶的判断可分为先验性与经验性这两类,后者只是"本心"的表象,前者才是"本心"的本质所在。也就是说,人对是非善恶的判断受外界经验的干扰越少判断越准确。其次,阳明强调儒家无善无恶的"本心"不同于佛家的无善无恶,佛家的无善无

恶是有意混淆善恶,这样做的结果只能是扬恶惩善。儒家的无善无恶是循着天理扬善去恶,这样才能让善恶各得其所。

语录四强调"心"与"理"的辩证统一,人们不能于心外求理,也不可遗物理而求本心。在这里,阳明将"理"解释为"条理",这样"理"就变成了与"仁"、"义"并列的情感意识,其概念外延内包于"心",从这一层意思上理解,"心外无理"自然是合乎逻辑的。

王阳明在龙场悟得"圣人之道,吾心自足"时,便已意识到"求理于事物者误也",因为理在心内,不须外求。世界上的万事万物只有进入意识领域的观照才有理,才能用语言形式表达。万事万物之理是由心生发的,由心进行思辨的。没有进入认识的万事万物,"理"就无法依托和存在,离开了心就无所谓"天理"。

朱熹的"格物致知"学说让南宋以后的学者一味强调博学苦读,而不注重内省反思,培养了一大批学识渊博而品行卑劣的知识分子。王阳明的"心即理"对于这一现象有着救偏补缺之功效。

第二节 "知行合一"语录赏读

一

爱因未会先生"知行合一"之训,与宗贤、惟贤①往复辩论,未能决,以问于先生。

先生曰:"试举看。"

爱曰:"如今人尽有知得父当孝,兄当弟②者,却不能孝,不能弟,便是知与行分明是两件。"

先生曰:"此已被私欲隔断,不是知行的本体了。未有知而不行者。知而不行,只是未知。圣贤教人知行,正是要复那本体,不是着你只恁的③便罢。故《大学》指个真知行与人看,说'如好好色,如恶恶臭④'。见好色属知,好好色属行。只见那好色时已自好了,不是见了后又立个心去好。闻恶臭属知,恶恶臭属行。只闻那恶臭时已自恶了,不是闻了后别立个心去恶。如鼻塞人虽见恶臭在前,鼻中不曾闻得,便亦不甚恶,亦只是不曾知臭。就如称某人知孝、某人知弟,必是其人已曾行孝行弟,方可称他知孝知弟,不成只是晓得说些孝弟的话,便可称为知孝弟?又如知痛,必已自痛了方知痛,知寒,必已自寒了;知饥,必已自饥了;知行如何分得开?此便是知行的本体,不曾有私意隔断的。圣人教人,必要是如此,方可谓之知,不然,只是不曾知。此却是何等紧切着实的工夫⑤!如今苦苦定要说知行做两个,是甚么意?某要说做一个是甚么意?若不知立言宗旨,只管说一个两个,亦有甚用?"

爱曰:"古人说知行做两个,亦是要人见个分晓,一行做知的功夫,一行做行的功夫,即功夫始有下落。"

先生曰:"此却失了古人宗旨也。某尝说知是行的主意,行是知的功夫;知是行之始,行是知之成。若会得时,只说一个知,已自有行在,只说一个行,已自有知在。古人所以既说一个知又说一个行者,只为世间有一种人,懵懵懂懂的任意去做,全不解思维省察,也只是个冥行妄作⑥,所以必说个知,方才行得是。又有一种人,茫茫荡荡悬空去思索,全不肯着实躬行,也只是个揣摸影响,所以必说一个行,方才知得真。此是古人不得已补偏救弊的说话。若见得这个意时,即一言而足。今人却就将知行分作两件去做,以为必先知了然后能行,我如今且去讲习讨论做知的工夫,待知得真了方去做行的工夫,故遂终身不行,亦遂终身不知。此不是小病痛,其来已非一日矣。某今说个知行合一,正是对病的药。又不是某凿空杜撰,知行本体原是如此。今若知得宗旨时,即说两个亦不妨,亦只是一个;若不会宗旨,便说一个,亦济得甚事?只是闲说话。"
(《传习录上·徐爱录》)

二

来书云:"所喻知、行并进,不宜分别前后。即《中庸》'尊德性而道问学⑦'之功,交养互发⑧,内外本末,一以贯之之道。然工夫次第⑨,不能无先后之差,如知食乃食,知汤乃饮,知衣乃服,知路乃行。未有不见是物,先有是事。此亦毫厘倏忽之间,非谓截然⑩有等今日知之,而明日乃行也。"

既云"交养互发,内外本末一以贯之",则知行并进之说无复可疑矣。又云"工夫次第,不能无先后之差",无乃⑪自相矛盾已乎?"知食乃食"等说,此尤明白易见。但吾子为近闻⑫障蔽,自不察耳。夫人必有欲食之心,然后知食,欲食之心即是意,即是行之始矣。食味之美恶,必待入口而后知,岂有不待入口而已先知食味之美恶者邪?必有欲行之心,然后知路,欲行之心即是意,即是行之始矣。路岐之险夷,必待身亲履历而后知,岂有不待身亲履历而已先知路岐

之险夷者邪?"知汤乃饮,知衣乃服",以此例之,皆无可疑。若如吾子之喻,是乃所谓"不见是物而先有是事"者矣。吾子又谓"此亦毫厘倏忽之间,非谓截然有等今日知之而明日乃行也",是亦察之尚有未精。然就如吾子之说,则知行之为合一并进,亦自断无可疑矣。

来书云:"真知即所以为行,不行不足谓之知。此为学者吃紧立教,俾务躬行⑬则可。若真谓行即是知,恐其专求本心,遂遗物理,必有暗而不达之处,抑岂圣门知行并进之成法哉?"

知之真切笃实处既是行,行之明觉精察处即是知。知行工夫本不可离,只为后世学者分作两截用功,失却知行本体,故有合一并进之说。真知即所以为行,不行不足谓之知。即如来书所云"知食乃食"等说可见,前已略言之矣。此虽吃紧救弊而发,然知行之体本来如是,非以己意抑扬其间,姑为是说,以苟一时之效者也。(《传习录中·答顾东桥书》)

三

(黄以方⑭)问"知行合一"。先生曰:"此须识我立言宗旨。今人学问,只因知行分作两件,故有一念发动,虽是不善,然却未曾行,便不去禁止。我今说个'知行合一',正要人晓得一念发动处,便即是行了;发动处有不善,就将这不善的念克倒了,须要彻根彻底不使那一念不善潜伏在胸中。此是我立言宗旨。"

"圣人无所不知,只是知个天理;无所不能,只是能个天理。圣人本体明白,故事事知个天理所在,便去尽个天理。不是本体明后,却于天下事物都便知得,便做得来也。天下事物,如名物度数、草木鸟兽之类,不胜其烦,圣人须⑮是本体明了,亦何缘能尽知得?但不必知的,圣人自不消求知,其所当知的,圣人自能问人,如'子入太庙,每事问'之类。先儒谓'虽知亦问,敬谨之至',此说不可通。圣人于礼乐名物,不必尽知。然他知得一个天理,便自有许多节文⑯度数出来。不知能问,亦即是天理节文所在。"(《传习录下·黄直录》)

【注释】

①宗贤:指黄绾,字宗贤,号久庵,浙江黄岩人。官至礼部尚书。阳明死后,黄绾扶养其子王正亿至成年并以女妻之。惟贤:指顾应祥,字惟贤,号箬溪,浙江长兴人。官至兵部侍郎。两人均为王阳明弟子。②弟(tì):通"悌",本义为弟顺从兄,后泛指敬重长上。③恁(nèn)的:那样。④如好(hào)好(hǎo)色,如恶

(wù)恶(è)臭(xiù):见《大学章句》:"所谓诚其意者,毋自欺也。如恶恶臭,如好好色,此之谓自慊。故君子必慎其独也。"意为就好像喜欢美丽的女子,就好像讨厌污秽的气味。⑤工夫:与下文出现的"功夫"均为哲学用语,含义不同于《现代汉语词典》的解释。⑥冥行妄作:黑夜走路,胡乱作为。⑦参见《中庸》:"君子尊德性而道问学,致广大而尽精微,极高明而道中庸。""尊德性"强调向内省察,"道问学"强调格物致知。⑧交养互发:交叉进行,互相促进。⑨次第:顺序。⑩截然:界限分明的样子。⑪无乃:恐怕。⑫近闻:指朱熹为主的"先知后行"之说。⑬俾(bǐ)务躬行:让人力求实践。⑭黄以方:即黄直,字以方,江西金溪人,嘉靖进士。曾问学于王阳明。⑮须:一作"虽",即使。⑯节文:规矩礼节。

【赏读】

知与行的关系问题是中国古代思想家一向非常重视的大问题。《尚书》中就有过"知之匪艰,行之维艰"的表述,《大学》也曾用"未有学养子而后嫁者也"的比喻来强调行的积极意义。到了宋代,朱熹对于知行关系的阐发全面而深入,影响了此后一代又一代读书人。朱熹对于知行的基本观点可概括为三个方面:一是知先于行;二是行重于知;三是知行互发。"知之愈明则行之愈笃,行之愈笃则知之愈明"。

王阳明的知行合一理论既有受朱熹观点启发的成分,更有对于朱熹知行观的批判与超越。

借着徐爱"知孝弟"与"行孝弟"的提问,王阳明阐述知与行就其本来意义来说是互相联系、互相包含的观点。真正知道孝悌的人一定是能行孝悌的,真正施行孝悌的人也一定是明白孝悌道理的。由此可知,知与行在本来意义上,是合一的。知道了这一点,即便有意,我们也无法将知行割裂成两件事。"见好色"属知,"好好色"属行,可我们每个人都是见好色的那一刹那就已经好了,并不是见了好色之后思忖良久才另立一个心去爱好色的。这样一来,王阳明通过形象的事例一举推翻了朱熹"先行后知"的观点。王阳明认为,从认识的时间维度看,知与行是同时发生的,并无先后之分。

"知是行的主意,行是知的功夫"是从工夫论的角度谈知行合一。"知"能给"行"以指导,"行"能让"知"深化,两者互为工夫与主体,是"你中有我,我中有你"的关系。读到这里,我们要注意到阳明哲学与朱子哲学在概念上的差异:阳明口中的"知"仅指意识或主观形态的知,是一个纯粹主观性的范畴,在这点上其范围要比朱熹等人来得狭小;相反,"行"的范畴在阳明哲学则较宋

儒的使用宽泛：一方面可以用来指人的外在行为，另一方面还可以包括人的心理行为。

由顾东桥的来信我们可以看出当时学者受朱熹"先知后行"理论影响之深。王阳明借吃美食这一比喻进一步阐述知行难分先后的观点，"想吃美食"这个意念属行，"知道怎么吃美食"属知，"吃美食"属行，"知道美食的滋味"属知，这四者一直是你中有我，我中有你的，如何能分出个先后顺序，又何必分出个先后顺序呢？

朱熹强调"真知必能行"，王阳明则说"真知即是行"。前者知行还属两件事，后者则已将知行合为一件事。王阳明对于朱熹哲学的突破不是细枝末节问题上的突破，他以"知行一元论"的观点取代了朱熹"知行二元论"的观点。

在与黄以方的问答中，王阳明阐明了自己提倡"知行合一"的目的所在。明代中期社会风气败坏，道德水平下降，当时士人的思想状态在专制皇权的压迫下，在商品经济发展所促成的发达市民阶层的影响下，愈来愈庸俗化，多数知识分子丧失了理想性的追求，而成为虚伪的逐利之徒。人们了解社会通行的道德标准，但并不依照这些准则去做；明知为道德律令所禁止，却仍然违背禁令去行动。阳明的"知行合一"说正是为了"吃紧救弊而发"，为了扭转磽薄的士风，使圣贤之学大明于天下。

根据王阳明"知行合一"的立言宗旨，我们可以做出这样的推断："知行合一"理论对于善与恶有着不同的侧重。对于善行，王阳明强调的不只是善意的产生，他更强调你要将这一善念切切实实地付诸实践。而对于恶意，则只需你脑海中出现了恶的念头，那你就已经在实施恶行了，因此要想成为圣人，我们不仅不能有恶的行为，甚至要杜绝恶的念头。

除通过教学倡导"知行合一"理论，王阳明也在用自己的一言一行实践"知行合一"。纵观王阳明的一生，他在爱国为民、勤政廉洁、移风易俗、体察民情、发展经济、教化民众等方面，做了大量实事。

王阳明的"知行合一"理论并没有从根本上扭转明代知识分子颓废与沦落的趋势，却为后代知识分子的道德修行指出了一条明路。

第三节 "致良知"语录赏读

一

夫人者,天地之心。天地万物本吾一体者也。生民之困苦荼毒,孰非疾痛之切于吾身者乎?不知吾身之疾痛,无是非之心者也。是非之心,不虑而知,不学而能,所谓"良知"也。良知之在人心,无间①于圣愚,天下古今之所同也。世之君子惟务其良知,则自能公是非,同好恶,视人犹己,视国犹家,而以天地万物为一体。求天下无治,不可得矣。古之人所以能见善不啻②若己出,见恶不啻若己入,视民之饥溺犹己之饥溺,而一夫不获,若己推而纳诸沟中者③。非故为是而以蕲④天下之信己也,务致其良知求自慊⑤而已矣。尧、舜、三王之圣,言而民莫不信者,致其良知而言之也。行而民莫不说者,致其真知而行之也。是以其民熙熙皞皞⑥,杀之不怨,利之不庸,施及蛮貊⑦,而凡有血气者莫不尊亲,为其良知之同也。呜呼!圣人之治天下,何其简且易哉!

后世良知之学不明,天下之人用其私智以相比轧,是以人各有心,而偏琐僻陋之见,狡伪阴邪之术,至于不可胜说,外假仁义之名,而内以行其自私自利之实。诡辞以阿俗⑧,矫行以干⑨誉,损人之善而袭⑩以为己长,讦⑪人之私而窃以为己直,忿以相胜而犹谓之徇义,险以相倾而犹谓之疾恶,妒贤忌能而犹自以为公是非,恣情纵欲而犹自以为同好恶。相陵相贼⑫,自其一家骨肉之亲,已不能无尔我胜负之意,彼此藩篱之形,而况于天下之大,民物之众,又何能一体而视之?则无怪于纷纷籍籍而祸乱相寻于无穷矣。(《传习录中·答聂文蔚⑬》)

二

来书云:"凡学者才晓得做工夫,便要识得圣人气象。盖认得圣人气象,把做准的⑭,乃就实地做工夫去,才不会差,才是作圣工夫。未知是否?"

先认圣人气象,昔人尝有是言矣,然亦欠有头脑,圣人气象自是圣人的,我从何处识认?若不就自己良知上真切体认,如以无星⑮之秤而权轻重,未开之镜而照妍媸,真所谓以小人之腹,而度君子之心矣。圣人气象何由认得?自己良知原与圣人一般,若体认得自己良知明白,则圣人气象不在圣人而在我矣。程子尝云:"觑着尧学他行事,无他许多聪明睿智,安能如彼之动容周旋中礼?"又云:"心通于道,然后能辨是非。"今且说通于道在何处?聪明睿智从何

处出来?(《传习录中·答周道通⑯书》)

三

庚辰⑰往虔州⑱再见先生,问:"近来功夫虽若稍知头脑⑲,然难寻个稳当快乐处。"先生曰:"尔却去心上寻个天理,此正所谓理障。此间有个诀窍。"曰:"请问如何?"曰:"只是致知。"曰:"如何致知。"曰:"尔那一点良知,是尔自家底准则。尔意念著⑳处,他是便知是,非便知非,更瞒他一些不得。尔只不要欺他,实实落落依着他做去,善便存,恶便去,他这里何等稳当快乐;此便是'格物'的真诀,'致知'的实功。若不靠着这些真机,如何去格物?我亦近年体贴出来如此分明,初犹疑只依他恐有不足,精细看,无些小欠阙。"

在虔,与于中、谦之㉑同侍。先生曰:"人胸中各有个圣人,只自信不及,都自埋倒了。"因顾于中曰:"尔胸中原是圣人㉒。"于中起不敢当。先生曰:"此是尔自家有的,如何要推?"于中又曰:"不敢。"先生曰:"众人皆有之,况在于中,却何故谦起来?谦亦不得。"于中乃笑受。又论"良知在人,随你如何,不能泯灭,虽盗贼亦自知不当为盗,唤他作贼,他还忸怩。"于中曰:"只是物欲遮蔽,良心在内,自不会失,如云自蔽日,日何尝失了!"先生曰:"于中如此聪明,他人见不及此。"

先生曰:"这些子看得透彻,随他千言万语是非诚伪,到前便明,合得的便是,合不得的便非,如佛家说'心印'㉓相似,真是个试金石、指南针㉔。"

先生曰:"人若知这良知诀窍,随他多少邪思枉念,这里一觉,都自消融。真个是灵丹一粒,点铁成金。"(《传习录下·陈九川录》)

四

黄勉叔㉕问:"心无恶念时,此心空空荡荡的,不知亦须存个善念否?"先生曰:"既去恶念,便是善念,便复心之本体矣。譬如日光,被云来遮蔽,云去,光已复矣。若恶念既去,又要存个善念,即是日光之中添燃一灯。

问:"近来用功,亦颇觉妄念不生,但腔子里㉖黑窣窣㉗的,不知如何打得光明?"先生曰:"初下手用功,如何腔子里便得光明?譬如奔流浊水,才贮在缸里,初然虽定,也只是昏浊的。须俟澄定既久,自然渣滓尽去,复得清来。汝只要在良知上用功。良知存入,黑窣窣自能光明也。今便要责效,却是助长,不成工夫。"

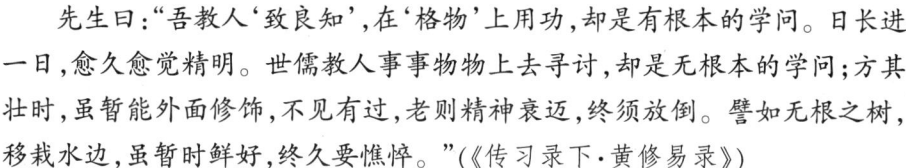

先生曰:"吾教人'致良知',在'格物'上用功,却是有根本的学问。日长进一日,愈久愈觉精明。世儒教人事事物物上去寻讨,却是无根本的学问;方其壮时,虽暂能外面修饰,不见有过,老则精神衰迈,终须放倒。譬如无根之树,移栽水边,虽暂时鲜好,终久要憔悴。"(《传习录下·黄修易录》)

【注释】

①无间:没有区别。②不啻(chì):如同。③而一夫不获,若己推而纳诸沟中者:把对一个人的救助不当看成是自己把他推入沟中的。④蕲(qí):求。⑤慊(qiè):满足,满意。⑥熙熙嗥嗥(háo):形容人们和乐的样子。⑦蛮貊(mò):指未开化的少数民族。⑧诡辞以阿俗:说假话来迎合世俗。⑨干:获取,钓取。⑩袭:剽窃。⑪讦(jié):揭发他人的阴私。⑫相陵相贼:相互欺凌,相互迫害。⑬聂文蔚:即聂豹,字文蔚,号双江。江西永丰人,官至兵部尚书。⑭把做准的:用来作为努力的目标。⑮星:秤杆上的刻度。⑯周道通:名衡,号静庵,江苏宜兴人。曾从学于王阳明,后又从学湛若水。⑰庚辰:正德十五年(1520)。⑱虔州:江西赣州。⑲头脑:头绪。⑳著(zhuó):接触到。㉑谦之:即邹守益,字谦之,号东廓。正德六年(1511)会试第一、殿试第三,授翰林编修。嘉靖六年首刻《阳明先生文录》于广德州。于中:一说为"子中"之误,即阳明弟子夏良胜。㉒尔胸中原是圣人:参见《咏良知四首示诸生》:"个个人心有仲尼,自将闻见苦遮迷。而今指与真头面,只是良知更莫疑。"㉓心印:语见《祖庭事苑》:"达摩西来,不立文字,单传心印,直指人心,见性成佛。"㉔参见《咏良知四首示诸生》:"人人自有定盘针,万化根源总在心。却笑从前颠倒见,枝枝叶叶外头寻。"㉕黄勉叔:名修易,其他未详。㉖腔子里:口语,指内心。㉗黑窣(sū)窣:形容阴沉漆黑的样子。

【赏读】

中国人在遭遇误解或不公的时候,总以"天理良心"来为自己申辩。言外之意有两点:(1)"天理良心"是善的,正义的;(2)"天理良心"是客观的,公正的。其中,"天理"这一概念由北宋理学家程颐最早提出,"良心"则是王阳明的发明,只不过王阳明自己更愿将"良心"称作"良知"。

"致良知"是王阳明在晚年才确立的立言宗旨,也是阳明心学的核心命题。王阳明在写给继子正宪的家书中说:"吾平生讲学,只是'致良知'三字。"他还曾对弟子说:"吾'良知'二字,自龙场以后,便已不出此意,只是点此二字不出,与学者言,费却多少辞说,今幸见出此意,一语之下,洞见全体,真是痛快!"

"良知"一词出自《孟子·尽心上》:"人之所不学而能者,其良能也;所不虑

而知者,其良知也。"根据孟子的说法,良知是指人的不依赖于环境、教育而自然具有的道德意识与道德情感。在《孟子·公孙丑上》中,孟子又将"良知"的内涵阐发为"四端":"恻隐之心,仁之端也;羞恶之心,义之端也;辞让之心,礼之端也;是非之心,智之端也。"在语段一中,王阳明继承了孟子对"良知"的演绎,并将孟子所发明的"良知"推到"心之本体"的高度,认为"良知"是"天理",也是人类的最高境界,它不仅能主宰人的意识,辨别是非,而且还能生天地育万物。古今天下之人,不分圣贤与愚昧,人人心中都有良知,但人们的良知却不一样:"圣人之知,如青天之日;贤人如浮云天日;愚人如阴霾天日。"在王阳明看来,良知不仅能提升个人的道德素养,还能让国家的治理变得简易有效,而三代以后政治混乱,人心卑俗,也正是由于"良知"被蒙蔽、被忽视。

儒家都把成圣作为努力目标,我们学习圣人不仅要钻研他们的著作,模仿他们的言谈举止,更重要的是,我们得在自己的"良知"上体认圣人。正如程颐所言,我们学习尧的言行举止,可又不像他那般聪明睿智,怎能像他一样从容不迫地周旋于纷繁的人事之中呢?如果我们能真正体认清楚自己的良知所在,那么我们身上也就有了圣人气象,我们又何须刻意模仿圣人?

阳明与陈九川的对话重在探讨如何用"良知"来指导我们的一言一行。九川问阳明该如何"致知",阳明说只要依照你自己内心的准则去行事即可,你觉得心安的便放心去做,你觉得于心不安的便要收手。由此我们可以看出,良知在意识结构中的作用,不仅在于对意念的是非善恶进行判断和评价,而且体现为一定的心理、情感的体验,以强化对人的监督和指导。合于道德法则的思想和行为引起欣慰,违反道德法则的思想和行为引起羞愧和不安。心之安与不安即是良知作用的表现方式,因而心安与否在某种程度上也可以作为检验良知并判断是非的一个方法。从阳明与九川的对话中,我们可以悟出"致良知"的两个不同向度:一方面我们要向内发现本心,以求心有所得;同时我们又要向外推广良知、本心于万事万物。

在与黄勉叔的对答中,阳明明确强调"致良知"的方法在于"格物"。但阳明口中的"格物"不同于朱熹的"格物",阳明的"格物"不是由外到内博学求见闻之知的过程,阳明将"格物"训解为"正事",是用我们内心的"良知"去观照体悟万事万物。"致良知"中的"致"字有"正"的意思,是"推及"或"扩充"之意,"致良知"也就是把"良知"扩充、推广到万事万物之中,予以发扬光大。致良知工夫,从积极的方面来说是扩充良知到极致,从消极的方面来说是去除私欲障蔽。人无不有良知发现,但此发现还不是良知完完全全的本体,需要有一个致知的过程,而所谓致良知也就是把心之良知"扩充到底"。

在《答魏师说书》一文中,王阳明阐明了"良知"与"意念"的区别:"意与良知当分别明白,凡应物起念处皆谓之意,意则有是有非,能知得意之是非者,则谓之良知。"由此看来,"良知"不仅指示我们何者为是,何者为非,而且使我们"好"是而"恶"非,它是道德意识与道德情感的统一。

良知是"知",致良知是"行",王阳明的"致良知"学与其"知行合一"说有一致之处。王阳明晚年虽然仍然提倡知行合一,但反复强调良知人人本有,只是不能人人致其良知。这样,他的重点就不再落在知行本体的合一上,而是强调知行工夫的合一,即知之必行之。

王阳明说过:"我此良知二字,实千古圣圣相传一点滴骨血也。"又说:"某于此良知之说,从百死千难中得来,不得已与人一口说尽。只恐学者得之容易,把作一种光景玩弄,不实落用功,负此知耳。"由此可以看出,王阳明的"良知"二字并非突发奇想,而是经过长期的思考和践行而悟出的,且对其真实性做了反复、周详甚至完备的确证。

王阳明的"致良知"说,给儒家"致知"说赋予了新的定义。从求学致知的角度来说,不一定人人都能穷理,身体有残疾或智力有缺陷的人就有困难。可是人人都能追求人生的奥义。在磨炼中,人人都可"率"其性之善,"尽"其心之良知良能。

第四节 "万物一体论"语录赏读

一

大人者,以天地万物为一体者也。其视天下犹一家,中国犹一人焉。若夫间形骸而分尔我者,小人矣。大人之能以天地万物为一体也,非意之也,其心之仁本若是,其与天地万物而为一也。岂惟大人,虽小人之心亦莫不然,彼顾自小之耳。是故见孺子之入井,而必有怵惕①恻隐之心焉,是其仁之与孺子而为一体也。孺子犹同类者也,见鸟兽之哀鸣觳觫②,而必有不忍之心,是其仁之与鸟兽而为一体也。鸟兽犹有知觉者也,见草木之摧折而必有悯恤之心焉,是其仁之与草木而为一体也。草木犹有生意者也,见瓦石之毁坏而必有顾惜之心焉,是其仁之与瓦石而为一体也。是其一体之仁也,虽小人之心亦必有之。

是乃根于天命之性,而自然灵昭不昧者也,是故谓之"明德"。小人之心既已分隔隘陋矣,而其一体之仁犹能不昧若此者,是其未动于欲,而未蔽于私之时也。及其动于欲,蔽于私,而利害相攻,忿怒相激,则将戕物圮类,无所不为其甚,至有骨肉相残者,而一体之仁亡矣。是故苟无私欲之蔽,则虽小人之心,而其一体之仁犹大人也;一有私欲之蔽,则虽大人之心,而其分隔隘陋犹小人矣。故夫为大人之学者,亦惟去其私欲之蔽,以明其明德,复其天地万物一体之本然而已耳。非能于本体之外,而有所增益之也。(《传习录·附录二·大学问》)

二

(黄以方)问:"人心与物同体,如吾身原是血气流通的,所以谓之同体。若于人便异体了,禽兽草木益远矣,而何谓之同体?"

先生曰:"你只在感应之几③上看,岂但禽兽草木,虽天地也与我同体的,鬼神也与我同体的。"

请问。

先生曰:"你看这个天地中间,甚么是天地的心?"

对曰:"尝闻人是天地的心④。"

曰:"人又甚么教做心?"

对曰:"只是一个灵明。"

"可知充塞天地中间,只有这个灵明,人只为形体自间隔了。我的灵明,便是天地鬼神的主宰。天没有我的灵明,谁去仰他高?地没有我的灵明,谁去俯他深?鬼神没有我的灵明,谁去辨他吉凶灾祥?天地鬼神万物离却我的灵明,便没有天地鬼神万物了;我的灵明离却天地鬼神万物,亦没有我的灵明。如此便是一气流通的,如何与他间隔得?"

又问:"天地鬼神万物,千古见在⑤,何没了我的灵明,便俱无了?"

曰:"今看死的人,他这些精灵游散了,他的天地万物尚在何处?"(《传习录下·黄以方录》)

三

夫拔本塞源之论不明于天下,则天下之学圣人者,将日繁日难,斯人沦于禽兽夷狄,而犹自以为圣人之学。吾之说虽或暂明于一时,终将冻解于西而冰坚于东,雾释于前而云滃于后,呶呶焉危困以死,而卒无救于天下之分毫也已。夫圣人之心，以天地万物为一体，其视天下之人，无外内远近，凡有血气，皆其昆弟赤子之亲，莫不欲安全而教养之，以遂其万物一体之念。天下之人心，其始亦非有异于圣人也，特其间于有我之私，隔于物欲之蔽，大者以小，通者以塞。人各有心，至有视其父、子、兄、弟如仇雠者。圣人有忧之，是以推其天地万物一体之仁以教天下，使之皆有以克其私，去其蔽，以复其心体之同然。其教之大端，则尧、舜、禹之相授受，所谓"道心惟微，惟精惟一，允执厥中"。而其节目，则舜之命契⑥，所谓"父子有亲，君臣有义，夫妇有别，长幼有序，朋友有信"五者而已。唐、虞、三代之世，教者惟以此为教，而学者惟以此为学。当是之时，人无异见，家无异习，安此者谓之圣，勉此者谓之贤，而背此者，虽其启明如朱⑦，亦谓之不肖。下至闾井、田野，农、工、商、贾之贱，莫不皆有是学，而惟以成其德行为务。何者？无有闻见之杂，记诵之烦，辞章之靡滥，功利之驰逐，而但使孝其亲，弟其长，信其朋友，以复其心体之同然。是盖性分之所固有，而非有假于外者，则人亦孰不能之乎？（《传习录中·答顾东桥书》）

【注释】

①怵惕(chù tì)：恐惧警惕。②觳觫(hú sù)：恐惧得发抖，恐惧颤抖的样子。③几(jī)：机会，机缘。④该句出自《礼记·礼运》："故人者，天地之心也，五行之端也，食味、别声、被色而生者也。"⑤千古见在：即万古长存之意。⑥契(xiè)：一作禼，五帝之一帝喾之子、尧的异母弟，其生活时代与舜相仿。⑦朱：丹朱，尧之子。

【赏读】

"万物一体"、"民胞物与"是儒家最高的社会理想和道德理想。孟子就曾提出"万物皆备于我矣"，"上下与天地同流"。宋代张载和二程均对"万物一体"学说作过系统的阐述。张载的《西铭》明确提出："天地之塞，吾其体。天地之帅，吾其性。民吾同胞，物吾与也。"二程也说："天地安有内外？言天地之外，便是不识天地也。人之在天地，如鱼之在水，不知有水，直待出水，方知动不得。"

1524年，新继位的世宗皇帝在朝廷兴起"大议礼"之论争，群臣陷其中，以致政务几近瘫痪。为从心体上解决人与人、人与社会以及人与自然的关系问题，王阳明于次年将自己的"良知"学说引导到"万物一体"这一儒家终极理论上来。

《大学》是儒家政治伦理学说的一部经典，人们通常将"大学"训解作"大人之学"。在《大学问》一文中，王阳明借着与学生探讨《大学》相关问题的机

会,系统阐述了自己的"万物一体"理论。

王阳明认为,人与万物合而为一个整体,万物之间都存在某种内在的联系。天地间的个体虽然众多,但灵明只有一个,这个灵明,孔子将它称作"仁",而王阳明更愿将它表述为"良知"。"大人"与"小人"的差别就在于:大人能视万物为一体,视天下为吾家,他们不仅能把自己内心的"良知"扩充到同类人身上,甚至能把"良知"扩充到动植物和无生命的物体之上;而小人因为私欲的蒙蔽,会"间形骸而分尔我",他们无法将"良知"扩充到万事万物,就会"利害相攻,忿怒相激"乃至"骨肉相残"。"大人之能以天地万物为一体也,非意之也,其心之仁本若是"一句,是说"大人"之所以能以天地万物为一体,视天下犹如一家,中国如一人,并不是由于外在的"理"对他提出这种要求,而是由于他的心本来就具有"仁"的本质。在首段中,经过大人与小人的多重对比,王阳明得出了这样的结论,我们普通人要成为"大人",有三件事可做:去除内心的私欲,发明我们内心的明德,恢复我们"万物一体"的良知之心。其实这三件事合在一起就是"致良知"。

黄以方无法弄明白人与万物一体的真正内涵,王阳明便借禅宗悟道的言说方式引导他弄清为何说人与万物是一气流通的。为了使自己的理论更具说服力,王阳明从《礼记》中找来论据:"人者,天地之心也,五行之端也,食味、别声、被色而生者也。"灵明即心,亦即良知,所谓"充天塞地",是指心体(良知)内在于天地万物,而心体的这种内在性,又决定了它不能离开万物而存在。这样,物以心为体,心不离于物,二者完全融为一体。

《答顾东桥书》是王阳明晚年的重要作品,其学术思想的分量相当于一部著作。王阳明的弟子将这封信的最后部分单独抽出来,命名为"拔本塞源论"。选文第三段是《拔本塞源论》的初始部分,主要阐发圣人之心、圣人之学与圣人之教。王阳明认为,要学圣人之学,必须要了解圣人之心、圣人之教。圣人之心如果用一句话来表达,就是"以天地万物为一体"。什么是"以天地万物为一体"?照王阳明的说法,圣人看待天下的人,无论与他有没有亲属关系、有没有社会关系,也无论与他的距离是远还是近,只要是有血气、活生生的人,圣人之心都会视之为他的兄弟或亲属的婴孩,都希望使他们安全,要养育他们、教育他们,以实现和满足他的万物一体的心念。王阳明认为,天下所有的人,他们的本心(也就是本来的心),在开始的时候与圣人并没有分别,都是以天地万物为一体的;只是后来由于被个体的私心和物欲蒙蔽,才把自己与天地万物分隔开来,也就不再能有万物一体的意识。本来的心是广大的,现在变得狭小;本来的心是通彻的状态,现在变为阻塞的状态。于是每个人都有了自己的私心,而私心作怪的结果,甚至使父子之间、兄弟之间如仇人相对,完全失去了他们本来的一体之心。圣人忧虑于此,因而立下了圣人的教法以教化天下的人,圣人之教的内容就是推广"仁者以天地万物为一体",来克除人的私心,去掉其蒙蔽,恢复人们的本心。拔本塞源就是强调拔除这些思想的根基、堵塞这些思想的源头。就王阳明来说,他所说的拔本塞源,主要是就"私己之欲"、"功利之毒"而发的,而正确的拔本塞源的方法在他看来就是真正的、没有受到曲解的圣人之学。社会文化的知识是圣人学而后知的,道德义理才是圣人不学而知的,所以圣人的本质不在于他后来学得了什么,而在于他本来就与众不同地掌握了什么。学圣人之学,不应去求圣人学而后知的,而应该专求圣人生而所知的,因而为学的重点是在道德义理,而不是具体知识。如果汲汲于知识的追求,遗忘了周敦颐《通书》中"贤希圣(圣希天)"的方法,那就不是圣人之学,也达不到圣人境界。

王阳明认为,圣人之教有纲有目,圣人之教的主要纲领就是《尚书》之《大禹谟》篇所云"道心惟微,惟精惟一,允执厥中",意思是道心非常精微,要用精一和执中的方法进行心的修养。圣人之教的纲领是守住大本,圣人之教的条目是通向达道。圣人之教的主要条目,即是古书记载舜命于契的五教:"父子有亲,君臣有义,夫妇有别,长幼有序,朋友有信。"上古到夏商周三代,教育者就是以道心精一、五教和顺为内容进行教育,学习者也完全是以道心精一、五教和顺为内容来学习,没有其他复杂的东西。所以在那个时代,人们之间没有不同意见,家与家也没有不同的习惯,都是以道心精一、五教和顺为准则。上古时代不仅士以上的贵族以此为学,下至闾井、田野、农、工、商、贾等普通百姓,皆有是学,即都是以道心精一、五教和顺为学。

在《拔本塞源论》的随后部分,王阳明在宣扬"万物一体"之仁的同时表达了对辞章之学、记诵之学、闻见之学、功利之学四种杂学的明确批判。通过把道德与知识对立起来,强调道德义理的优先性。

就思想史上的意义而言,王阳明的"万物一体"论把圣人与平凡的百姓置于同等地位,这种良知平等的思想对于否定圣人权威、解放人的思想是巨大的进步。从政治伦理来看,王阳明所提出的改造人心、恢复人人所本有的良知方案,有助于社会矛盾的调和。但我们也应注意到,阳明的"拔本塞源论"将知识与德性对立,一味否定辞章、记诵、闻见之学,也使得晚明学术落入蒙昧与空疏的境地。

第五节 《传习录》精彩文段荐读

一

黄诚甫问:"汝与回也,孰愈"章。

先生曰:"子贡多学而识,在闻见上用功,颜子在心地上用功,故圣人问以启之。而子贡所对又只在知见上,故圣人叹惜之,非许之也。"

"颜子不迁怒,不贰过,亦是有'未发之中'始能。"

"种树者必培其根,种德者必养其心。欲树之长,必于始生时删其繁枝;欲德之盛,必于始学时去夫外好。如外好诗文,则精神日渐漏泄在诗文上去。凡百外好皆然。"

又曰:"我此论学,是无中生有的功夫。诸公须要信得及,只是立志。学者一念为善之志,如树之种,但勿助勿忘,只管培植将去,自然日夜滋长,生气日完,枝叶日茂。树初生时,便抽繁枝,亦须刊落,然后根干能大。初学时亦然,故立志贵专一。"

因论先生之门,某人在涵养上用功,某人在识见上用功。

先生曰:"专涵养者,日见其不足;专识见者,日见其有余。日不足者日有余矣,日有余者日不足矣。"(《传习录上·薛侃录》)

二

良知不由见闻而有,而见闻莫非良知之用。故良知不滞于见闻,而亦不离于见闻。孔子云:"吾有知乎哉?无知也。"良知之外别无知矣。故致良知是学问大头脑,是圣人教人第一义。今云专求之见闻之末,则是失却头脑,而已落在第二义矣。近时同志中,盖已莫不知有致良知之说,然其功夫尚多糊涂者,正是欠此一问。

大抵学问功夫只要主意头脑是当。若主意头脑专以致良知为事,则凡多闻多见,莫非致良知之功。盖日用之间,见闻酬酢,虽千头万绪,莫非良知之发用流行;除却见闻酬酢,亦无良知可致矣,故只是一事。若曰致其良知而求之见闻,则语意之间未免为二。此与专求见闻之末者虽稍有不同,其为未得精一之旨,则一而已。"多闻择其善者而从之,多见而识之。"既云"择",又云"识",其良知亦未尝不行于其间。但其用意乃专在多问多见上去择识,则已失却头脑矣。崇一于此等处见得当已分晓,今日之问,正为发明此学,于同志中极有益。但语意未莹,则毫厘千里,亦不容不精察之也。(《传习录中·答欧阳崇一》)

三

有一属官,因久听讲先生之学,曰:"此学甚好,只是簿书讼狱繁难,不得为学。"

先生闻之,曰:"我何尝教尔离了簿书讼狱悬空去讲学?尔既有官司之事,便从官司之事上为学,才是真格物。如同一词讼,不可因其应对无状,起个怒心;不可因他言语圆转,生个喜心;不可恶其嘱托,加意治之;不可因其请求,屈意从之;不可因自己事务烦冗,随意苟且断之;不可因旁人谮毁罗织,随人意思处之。这许多意思皆私,只尔自知,须精细省察克治,惟恐此心有一毫偏倚,枉人是非,这便是格物致知。簿书讼狱之间,无非实学。若离了事物为学,却是着空。"(《传习录下·陈九川录》)

四

先生锻炼人处,一言之下,感人至深。

一日,王汝止出游归。先生问曰:"游何见?"对曰:"见满街人都是圣人。"先生曰:"你看满街人是圣人,满街人到看你是圣人在。"

又一日,董萝石出游而归。见先生曰:"今日见一异事。"先生曰:"何异?"对曰:"见满街都是圣人。"先生曰:"此亦常事耳,何足为异?"

盖汝止圭角未融,萝石恍见有悟,故问同答异,皆反其言而进之。

洪与黄正之、张叔谦、汝中丙戌会试归,为先生道途中讲学,有信有不信。先生曰:"你们拿一个圣人去与人讲学,人见圣人来,都怕走了,如何讲得行?须做得个愚夫愚妇,方可与人讲学。(《传习录下·黄省曾录》)

五

先生起行征思田,德洪与汝中追送严滩。汝中举佛家实相幻相之说。

先生曰:"有心俱是实,无心俱是幻。无心俱是实,有心俱是幻。"

汝中曰:"有心俱是实,无心俱是幻,是从本体说工夫;无心俱是实,有心俱是幻,是从工夫说本体。"

先生然其言。洪于是时尚未了达。数年用功,始信本体功夫合一。但先生

是因问偶谈,若吾儒指点人处,不必借此立言耳。

尝见先生送二三耆宿出门,退坐于中轩,若有忧色。德洪趋进请问。先生曰:"顷与诸老论及此学,真圆凿方枘。此道坦如道路,世儒往往自加荒塞,终身陷荆棘之场而不悔,吾不知其何说也?"

德洪退谓朋友曰:"先生诲人,不择衰朽,仁人悯物之心也。"

先生曰:"人生大病,只是一傲字。为子而傲必不孝,为臣而傲必不忠,为父而傲必不慈,为友而傲必不信。故象与丹朱俱不肖,亦只一傲字,便结果了此生。诸君常要体此人心本是天然之理,精精明明,无纤介染着,只是一无我而已。胸中切不可有,有即傲也。古先圣人许多好处,也只是无我而已。无我自能谦。谦者众善之基,傲者众恶之魁。"(《传习录下·黄以方录》)

六

每日清晨,诸生参揖毕,教读以次遍询诸生:在家所以爱亲敬长之心得无懈忽,未能真切否?温凊定省之仪得无亏缺,未能实践否?往来街衢,步趋礼节得无放荡,未能谨饰否?一应言行心术得无欺妄非僻,未能忠信笃敬否?诸童子务要各以实对,有则改之,无则加勉。教读复随时就事曲加诲谕开发,然后各退就席肄业。

凡歌诗,须要整容定气,清朗其声音,均审其节调。毋躁而急,毋荡而嚣,毋馁而慑。久则精神宣畅,心气和平矣。每学量童生多寡,分为四班,每日轮一班歌诗。其余皆就席,敛容肃听。每五日,则总四班递歌于本学。每朔望,集各学会歌于书院。

凡习礼,须要澄心肃虑,审其仪节,度其容止。毋忽而惰,毋沮而怍,毋径而野。从容而不失之迂缓,修谨不失之拘局。久则体貌习熟,德性坚定矣。童生班次,皆如歌诗,每间一日,则轮一班习礼。其余皆就席,敛容肃观。习礼之日,免其课仿。每十日,则总四班递习于本学。每朔望,则集各学会习于书院。

凡授书,不在徒多,但贵精熟。量其资禀能二百字者,止可授以一百字,常使精神力量有余,则无厌苦之患而有自得之美。讽诵之际,务令专心一志,口诵心惟,字字句句,绸绎反复,抑扬其音节,宽虚其心意。久则义礼浃洽,聪明日开矣。

每日工夫,先考德,次背书诵书,次习礼或作课仿,次复诵书讲书,次歌诗。凡习礼歌诗之类,皆所以常存童子之心,使其乐习不倦而无暇及于邪僻。教者知此,则知所施矣。虽然,此其大略也,神而明之,则存乎其人。(《教约》)

七

丁亥年九月,先生起复征思田。将命行时,德洪与汝中论学。汝中举先生教言:"无善无恶是心之体,有善有恶是意之动,知善知恶是良知,为善去恶是格物。"德洪曰:"此意如何?"汝中曰:"此恐未是究竟话头。若说心体是无善无恶,意亦是无善无恶的意,知亦是无善无恶的知,物亦是无善无恶的物矣。若说意有善恶,毕竟心体还有善恶在。"德洪曰:"心体是天命之性,原是无善无恶的。但人有习心,意念上见有善恶在,格、致、诚、正、修,此正是复那性体功夫。若原无善恶,功夫亦不消说矣。"是夕侍坐天泉桥,各举请正。先生曰:"我今将行,正要你们来讲破此意。二君之见,正好相资为用,不可各执一边。我这里接人原有此二种:利根之人,直从本源上悟入。人心本体原是明莹无滞的,原是个未发之中。利根之人一悟本体,即是功夫,人己内外,一齐俱透了。其次不免有习心在,本体受蔽,故且教在意念上实落为善去恶。功夫熟后,渣滓去得尽时,本体亦明尽了。汝中之见,是我这里接利根人的;德洪之见,是我这里为其次立法的。二君相取为用,则中人上下皆可引入于道。若各执一边,眼前便有失人,便于道体各有未尽。"既而曰:"已后与朋友讲学,切不可失了我的宗旨:无善无恶是心之礼,有善有恶是意之动,知善知恶是良知,为善去恶是格物,只依我这话头随人指点,自没病痛。此原是彻上彻下功夫。利根之人,世亦难遇,本体功夫,一悟尽透。此颜子、明道所不敢承当,岂可轻易望人!人有习心,不教他在良知上实用为善去恶功夫,只去悬空想个本体,一切事为俱不着实,不过养成一个虚寂。此个病痛不是小小,不可不早说破。"是日德洪、汝中俱有省。(《传习录下·钱德洪录》)

余姚龙泉山四先贤碑林(陈允文 摄)

第五章　王阳明散文赏读

　　八大家以下，予于本朝独爱王文成公，论学诸书及记学、记尊经阁等文，程、朱所欲为而不能者，江西辞爵及抚田州等疏，唐陆宣公、宋李文定公所不逮也。即如浰头桶冈军功等疏，条次兵情如指诸掌，况其设伏出奇，先后本末，多合兵法……嗟乎！公固百世殊绝人物，区区文章之工与否，所不暇论。予特附揭于此，以见(我)本朝一代之人豪，而后世之品文者，当自有定议云。

——【明】茅坤《唐宋八大家文钞》

第一节　文赋赏读

黄楼夜涛赋

朱君朝章将复黄楼,为予言其故。夜泊彭城①之下,子瞻呼予曰:"吾将与子听黄楼之夜涛乎?"觉则梦也。感子瞻之事,作《黄楼夜涛赋》。

子瞻与客宴于黄楼之上。已而客散日夕,暝色横楼,明月未出。乃隐几而坐,嗒焉②以息。忽有大声起于穹窿,徐而察之,乃在西山之麓。倏焉③改听,又似夹河之曲,或隐或隆,若断若逢,若揖让而乐进,歘④掀舞⑤以相雄。触孤愤于崖石,驾逸气于长风。尔乃乍阖复辟,既横且纵,摐摐渢渢⑥,汹汹瀜瀜⑦,若风雨骤至,林壑崩奔,振⑧长平之屋瓦,舞泰山之乔松。咽悲吟于下浦,激高响于遥空。恍不知其所止,而忽已过于吕梁之东矣。

子瞻曰:"噫嘻异哉!是何声之壮且悲也?其⑨乌江之兵,散而东下,感帐中之悲歌,慷慨激烈,吞声饮泣,怒战未已,愤气决膻,倒戈曳戟,纷纷籍籍⑩,狂奔疾走,呼号相及,而复会于彭城之侧者乎?其赤帝之子⑪,威加海内,思归故乡,千乘万骑,雾奔云从,车辙轰霆,旌旗蔽空,击万夫之鼓,撞千石之钟,唱《大风》之歌,按节翱翔而将返于沛宫者乎?"于是慨然长噫,欠伸起立,使童子启户冯栏而望之。则烟光已散,河影垂虹,帆樯泊于洲渚,夜气起于郊坰⑫,而明月固已出于芒砀⑬之峰矣。

子瞻曰:"噫嘻!予固疑其为涛声也。夫风水之遭于硿洞⑭之滨而为是也,兹非南郭子綦⑮之所谓天籁者乎?而其谁倡之乎?其谁和之乎?其谁听之乎?当其滔天浴日,湮谷崩山,横奔四溃,茫然东翻,以与吾城之争于尺寸间也。吾方计穷力屈,气索神愈,懔⑯孤城之岌岌,觊⑰须臾之未坏,山颓于目瞶,霆击于耳聩,而岂复知所谓天籁者乎?及其水退城完,河流就道,脱鱼腹而出涂泥,乃与二三子徘徊兹楼之上而听之也。然后见其汪洋涵浴,滴滴汩汩,彭湃掀簸,震荡泽渤,吁者为竽,喷者为箎,作止疾徐,钟磬祝敔⑱,奏文以始,乱武以居,呶者嚆⑲者,嚣者噱者,翕而同者,绎而从者,而唧唧⑳者,而嘟嘟㉑者,盖吾俯而听之,则若奏箫篥②于洞庭,仰而闻焉,又若张钧天㉓于广野,是盖有无之相激,其殆造物者将以写千古之不平,而用以荡吾胸中之壹郁者乎?而吾亦胡为而不乐也?"

客曰:"子瞻之言过矣。方其奔腾漂荡而以厄子之孤城也,固有莫之为而为者,而岂水之能为之乎?及其安流顺道,风水相激,而为是天籁也,亦有莫之为而为者,而岂水之能为之乎?夫水亦何心之有哉?而子乃欲据其所有者以为欢,而追其既往者以为戚,是岂达人之大观,将不得为上士之妙识矣。"

子瞻展然而笑曰:"客之言是也。"乃作歌曰:"涛之兴兮,吾闻其声兮。涛之息兮,吾泯其迹兮。吾将乘一气以游于鸿蒙㉔兮,夫孰知其所极兮。"

弘治甲子七月,书于百步洪之养浩轩。

【注释】

①彭城:江苏徐州的古称,是黄帝最初的都城,后来西楚霸王项羽也曾定都于此。②嗒(tà)焉:形容懊丧的神情。③倏(shū)焉:极快地。④歙(xī):吸气。⑤掀舞:飞舞;翻腾。⑥摐摐(chuāng)渢渢(féng):摐摐,用手或器具撞击物体发出的声音;渢渢,形容水声或风声很大。⑦汹汹瀜瀜(róng):汹汹,形容声音喧闹;瀜瀜,形容水流既深且广。⑧振:使……振动,与下一句中的"舞"都是使动用法。⑨其……其:相当于"是……还是",表选择疑问。⑩纷纷籍籍:纷纷,众多;籍籍,杂乱的样子。⑪赤帝之子:指汉高祖刘邦。⑫郊垌(dòng):郊外田野。⑬芒砀(dàng):即芒砀山,位于豫、皖、苏、鲁四省结合部的河南省永成市芒山镇,有"仙女峰"之称,芒砀山因汉高祖刘邦斩蛇起义而闻名于世。⑭濆(hòng)洞:形容水势汹涌。⑮南郭子綦(qí):《庄子·齐物论》中的高士,曾就天籁发表议论。⑯懔(lǐn):畏惧,害怕。⑰觊(jì):希望。⑱祝敔(yǔ):乐器名,即柷敔,奏乐将终,击柷敔使演奏停止。⑲呶(náo):喧哗;嘐(xiāo):大声噪叫。⑳啁(zhōu)啁:象声词,禽鸟鸣声。㉑嘐(jiāo)嘐:拟声词,多指动物叫声。㉒箫篥(bì):箫和篥篥的合称。篥篥(lì)是汉代从西域传入的一种管乐器,用竹做管,用芦苇做嘴,又名"筚篥"、"悲栗"、"笳管"。㉓钧天:"钧天广乐"的缩写,指天上的音乐。㉔鸿蒙:人们将盘古开天辟地之前自然的元气叫作鸿蒙,后指宇宙形成前的混沌状态。

【赏读】

《王阳明全集》中,共留有六篇赋,其中《太白楼赋》《九华山赋》《吊屈平赋》《来雨山雪图赋》应归于韵文,而《黄楼夜涛赋》《思归轩赋》虽也有部分骈

徐州黄楼

句,但整体风格更接近唐宋以来的文赋,应归于散文的行列。

黄楼位于徐州城东门,北宋元丰元年(1078)徐州太守苏轼为纪念一年前率军民修长堤战胜洪水的功绩,特用黄土筑成此楼。苏辙曾作《黄楼赋》纪念此事。弘治十七年(1504),王阳明主持山东乡试,绕道游徐州,友人朱朝章说要重修黄楼,引起王阳明对苏轼的怀念,于是就有了这篇《黄楼夜涛赋》。

赋这种文体的鼎盛时期是在汉代,它对于形式的追求要胜过诗歌和散文。一般而言,古人强调"诗以言志"、"文以载道","志"与"道"是诗文的核心。可赋讲究"体物写志",多数时候它对"体物"的重视要超过"写志",因此我们所见到的汉赋在艺术上注重铺陈而在语言上多用藻饰。经欧阳修、苏轼等人改造之后的文赋基本保留主客对话的外在形式,但降低了韵律、辞藻方面的要求,增强了赋的思想性,赋由此脱离韵文而加入散文的大家庭。

王阳明的《黄楼夜涛赋》写法上借鉴欧阳修的《秋声赋》,在内容上与苏辙的《黄楼赋》形成呼应。

首段先简要交代苏轼黄楼听涛的背景,而后对涛声展开汉赋似的铺陈描写。品读这段文字时,我们要注意文章整散句式的交替运用,以及句式变化背后的文字擒纵之术。文章用"子瞻与客宴于黄楼之上"这样的散句作为起笔,显得极为平易。随后三个四字句立马彰显出作者超强的文字驾驭能力,"暝色横楼"的"横"字将暮色的无边无际与蛮横无理刻画得极为生动。接下来对涛声的大段描写想象丰富,文字绚丽。在阳明的笔下,这涛声忽大忽小,忽远忽近,忽疾忽缓,忽喜忽悲,实在让人难以捉摸。在调用十几个文词艰涩的整句之后,首段又用"恍不知其所止,而忽已过于吕梁之东矣"这样的散句结尾,做到了句式运用上的首尾照应。

次段描写苏轼对于涛声的猜想,正因为前段所描写的涛声时大时小,似喜又悲,东坡对于涛声的猜想也有着两个完全相反的方向。这到底该是项羽兵败乌江之后的悲吟,还是刘邦衣锦还乡的狂欢?涛声既悲且壮,本段的文字也具悲壮之美,一连串的四字句让我们想起曹操《短歌行》的慷慨,让我们想起《秦风·无衣》的激越。无奈之下,苏轼让童子开门,凭栏观赏明月既出、河影垂虹、帆樯泊渚的美好景象,这时他才明白刚才听到的声音是河水的涛声。

第三段接着写苏轼就江涛发表议论。大风和漫无边际的江水相互碰撞形成了江涛的天籁。可是当洪水滔滔、恣意汪洋淹没房屋危及性命之时,我竭尽精力率领百姓抗击洪灾,哪里有闲情享受这江涛的天籁呢?只有当洪水退去,老百姓安居乐业之时,我们才会登高观赏它的汪洋涵浴、潏潏汩汩,才能闲坐静听它的声音变化。现在能端坐楼上,任凭大自然奏响华美的乐章,我又何乐而不为呢?

第四段借客之口驳斥东坡有关江涛的议论。客认为,洪水之所以肆意翻滚摧毁一切,是因为受到不可遏制的外力裹挟,它并没有想着要与人类作对;江水平静流淌、快乐奔腾,也是因为受到不可遏制的外力影响,它也没有想着自己要讨好人类。水本无心,是我们将自己的喜怒哀乐投射到洪水上,才对洪水有了或喜或惧的情感。我们要做到达观适意,就要抑制这类情感的泛滥。

文章的结尾部分东坡听从了客的建议,高歌明志:涛兴而闻其声,涛灭而泯其迹,放下所有的依托,就能乘气遨游太空,达到世人无法企及的极致。

青年时期的王阳明有着强烈的道家出世思想,本文苏轼与客的对话也在一定程度上反映了阳明对仙道世界的向往。苏轼将自己的喜忧投射到洪水之上,正是儒家推己及人思想的体现,从哲学境界上说,这样的境界只能停留在有我之境。而客劝说苏轼不必执着于自己的喜忧,强调要从事物的本来面目来看待事物,更加接近于道家的无我之境。彼时的阳明无疑觉得道家在境界上要高过俗儒,几年之后当他真正进入钻研儒家的状态之后,他的思想观念才有所扭转。

专心理学研究之后的阳明对于自己此前的文学作品流露出懊悔之意,认为这类虚文无益于本心的发现,也无益于社会的改良。其实言语有其独立的存在价值,而文学则是言语的审美存在,其无用之处,正有大用。

第二节 杂记赏读

何陋轩记

昔孔子欲居九夷,人以为陋。孔子曰:"君子居之,何陋之有?"[①]守仁以罪

谪龙场,龙场古夷蔡②之外,于今为要绥③,而习类尚因其故。人皆以予自上国④往,将陋其地,弗能居也;而予处之旬月,安而乐之,求其所谓甚陋者而莫得。独其结题鸟言,山栖羝服⑤,无轩裳⑥宫室之观、文仪揖让之缛⑦,然此犹淳庞⑧质素之遗焉。盖古之时,法制未备,则有然矣,不得以为陋也。夫爱憎面背,乱白黝⑨丹,浚奸⑩穷黠,外良而中螫⑪,诸夏⑫盖不免焉;若是而彬郁⑬其容,宋甫鲁掖⑭,折旋矩矱⑮,将无为陋乎?夷之人乃不能此。其好言恶詈,直情率遂,则有矣。世徒以其言辞物采之眇⑯而陋之,吾不谓然也。

始予至,无室以止,居于丛棘之间,则郁⑰也;迁于东峰,就石穴而居之,又阴以湿。龙场之民,老稚日来视予,喜不予陋,益予比⑱。予尝圃于丛棘之右,民谓予之乐之也,相与伐木阁之材,就其地为轩以居予。予因而翳⑲之以桧竹,莳⑳之以卉药,列堂阶,辨室奥,琴编图史,讲诵游适之道略俱,学士之来游者,亦稍稍而集于是。人之及吾轩者,若观于通都焉,而予亦忘予之居夷也。因名之曰"何陋",以信㉑孔子之言。

嗟夫!诸夏之盛,其典章礼乐,历圣修而传之,夷不能有也,则谓之陋固宜。于后蔑㉒道德而专法令,搜抉钩繁㉓之术穷,而狡匿谲诈,无所不至,浑朴尽矣!夷之民,方若未琢之璞,未绳之木,虽粗砺顽梗,而椎斧尚有施也,安可以陋之?斯孔子所为欲居也欤?虽然,典章文物,则亦胡可以无讲?今夷之俗,崇巫而事鬼,渎礼而任情,不中不节,卒未免于陋之名,则亦不讲于是耳。然此无损于其质也。诚有君子而居焉,其化之也盖易。而予非其人也,记之以俟来者。

【注释】

①"昔孔子"句:语见《论语·子罕》:"子欲居九夷。或曰:'陋,如之何?'子曰:'君子居之,何陋之有?'"九夷:古书中的九夷,如《战国策》"楚破南阳九夷"等,大致在今河南南部。②夷蔡:蔡为周代古国,其地在今河南上蔡、新蔡等地,即在河南南部。③要绥:要服、绥服,古代王畿以外的区划名,这里泛指边远地区。④上国:这里指京城。因王守仁自京官贬至龙场。⑤结题:指少数民族结发于额的装束。鸟言:说话似鸟语。韩愈《送区册序》:"小吏十余家,皆鸟言夷面。始至,言语不通。"羝(dī)服:羊皮做的衣服。⑥轩裳:古代卿大夫所乘坐的一种前顶较高而有帷幕的车子。裳,指帷裳,车旁的布幔。⑦缛(rù):指繁密的礼节。⑧淳庞:朴实。⑨黝(yǒu):青黑色。⑩浚:深。奸:奸恶。⑪中螫(shì):内心像毒虫般恶毒。⑫诸夏:指中土。⑬彬郁:文质彬彬有文采的样子。⑭宋甫鲁掖:穿戴着礼仪之邦宋国的礼帽,鲁国的大袖之衣。甫:章甫,古代的礼

帽。袪:衣袖。《礼记·儒行》:"丘少居鲁,衣逢掖之衣。"逢:大。⑮矩矱:规则法度。⑯眇:低微,细小。⑰郁:阻滞。⑱比:亲近。⑲翳(yì):遮蔽,掩盖。⑳蒔(shì):栽种。㉑信(shēn):通"伸",伸张。㉒蔑:蔑视;专:专行。㉓搜抉:亦作"搜刔",搜求选择;钩繄(zhí):研究,探寻。

【赏读】
　　贬谪至贵州龙场半年之后,当地居民帮助阳明构建了玩易窝、君子亭、宾阳堂、何陋轩等木构建筑,阳明对此充满感激。借着为何陋轩作记,阳明探讨了夷夏之辨,并含蓄表达了自己愿意为教化边远地区人民担责的决心。
　　文章开篇点明取名缘由,贬居蛮夷地带而将居室命名为"何陋轩",表明作者对圣学的追求从未因为对手的迫害而改变,作者成圣的志向从未因为仕途的坎坷而磨灭。
　　按照葛兆光先生在《宅兹中国》一书中的说法,不管是在地理上还是在文化上,"中国中心主义"都由来已久,从西周到北宋,中国一直将中原人聚居的区域视作世界的中心,而华夏之外的民族被称为"化外之民"或者"蛮夷"。贵州是古夜郎国的所在地,直到明代才在这里设立贵州行省,在当时称贵州龙场为"蛮夷"之

贵州修文何陋轩(诸焕灿　摄)

地甚至算不上蔑称。在王阳明眼里,龙场当地人在语言、服饰、建筑、礼节等方面与中原地区的人有着明显的差异,但这种差异主要是生产水平低下造成的,中原地区古代时也是如此,算不上"陋"。如果从人的性格与品质方面考察,华夏地区有很多表里不一、颠倒黑白、大奸若忠的小人,而龙场地区的老百姓反而率真直爽、纯朴无邪。读到这里,我们会注意到王阳明的夷夏之辨是从"仁"与"礼"这两个方面展开的,到明代中期,龙场地区的百姓与中原地区的居民于外在"礼"的方面依然有很大的区别,如果从内在"仁"的角度去比较,则孰优孰劣很难区分。换句话说,此时如果我们还对当地百姓抱鄙夷之态的话,实在有点说不过去。

贵州修文阳明洞（诸焕灿 摄）

接着，王阳明回顾了自己来龙场之后与当地百姓的愉快交往。在作者刚来龙场之时，当地百姓还对他抱有戒惧之心，看到阳明没有流露出丝毫的鄙夷之态，当地百姓便热心地帮助他改善生活。如今的王阳明不必避居石穴，不会食不果腹，有了亮堂的居室和雅致的环境，又可以与志同道合的人一起求学问道了。

但是，这并不意味着龙场无须改变，也不是说龙场的百姓无须教化。在王阳明看来，中原地区较为完善的法律制度、管理体制都可以移植到龙场这样的蛮夷地带。贵州直到明永乐十一年（1413）才单独设立行省，整个明代对于贵州省少数民族地区到底是用土官还是用流官管理也多有调整。王阳明已经窥见明代少数民族地区管理制度的弊端，后来还曾上书建议朝廷加以调整。而龙场地区文化教育落后的面貌亟待改变。虽然龙场的百姓崇尚巫术、任性违礼，但他们本质不坏，只要有君子加以调教，他们的开化程度也会大大提升。在文章结尾，王阳明一方面提出"诚有君子而居焉，其化之也盖易"，同时又指出"而予非其人也，记之以俟来者"。结合后来王阳明在龙冈书院、贵阳书院的讲学，我们可以断定，此时的王阳明已经下定决心要以一己之力改变当地文化教育落后的现状。所谓的"以俟来者"，我们可以理解为"更加完美的自我"。不久，阳明于此地提出"心外无物"、"心即理"等哲学理论，实现"龙场悟道"的根本性突破，果真成为"更加完美的自我"。

玩味《何陋轩记》一文，我们可以从中体会到儒家一以贯之的"推己及人"的理念，也窥探到"良知"学说的苗头。而此时作者的语言已经由青年时期务求浮华变为平实简易了。

象祠记

灵博①之山，有象祠焉。其下诸苗夷②之居者，咸神而事之。宣慰③安君，因诸苗夷之请，新④其祠屋，而请记于予。予曰："毁之乎，其新之也？"曰："新之。"

"新之也,何居乎?"曰:"斯祠之肇⑤也,盖莫知其原。然吾诸蛮夷之居是者,自吾父、吾祖溯曾高而上,皆尊奉而禋祀⑥焉,举而不敢废也。"

予曰:"胡然乎?有鼻⑦之祀,唐之人盖尝毁之。象之道,以为子则不孝,以为弟则傲。斥于唐,而犹存于今;坏于有鼻,而犹盛于兹土也,胡然乎?"

我知之矣:君子之爱若人也,推及于其屋之乌,而况于圣人之弟乎哉?然则祀者为舜,非为象也。意象之死,其在干羽既格⑧之后乎?不然,古之骜桀者岂少哉?而象之祠独延于世,吾于是盖有以见舜德之至,入人之深,而流泽之远且久也。

象之不仁,盖其始焉尔,又乌知其终之不见化于舜也?《书》不云乎:"克谐以孝,烝烝乂,不格奸⑨。"瞽瞍亦允若⑩,则已化而为慈父。象犹不弟,不可以为谐。进治于善,则不至于恶;不抵于奸,则必入于善。信乎,象盖已化于舜矣!《孟子》曰:"天子使吏治其国,象不得以有为也。"斯盖舜爱象之深而虑之详,所以扶持辅导之者之周也。不然,周公之圣,而管、蔡⑪不免焉。斯可以见象之既化于舜,故能任贤使能而安于其位,泽加于其民,既死而人怀之也。诸侯之卿,命于天子,盖《周官》之制,其殆仿于舜之封象欤?

吾于是盖有以信人性之善,天下无不可化之人也。然则唐人之毁之也,据象之始也;今之诸夷之奉之也,承象之终也。斯义也,吾将以表于世,使知人之不善,虽若象焉,犹可以改;而君子之修德,及其至也,虽若象之不仁,而犹可以化之也。

【注释】

①灵博:在贵州省黔西县,又名九龙山。一说即灵鹫山、博南山,在云南省境内。②苗夷:即苗族,中国古代对四方少数民族泛称夷。③宣慰:即宣慰使,是明代少数民族地区土官中的最高职衔。④新:此处的"新"与下文三字"新"字都作动词,意思是修整。⑤肇(zhào):创建。⑥禋(yīn)祀:泛指祭祀。⑦有鼻:古地名,在今湖北南道县境内。相传舜封象于此。象死后,当地人为他建了祠庙。唐代元和年间,道州刺史薛伯高将象祠拆毁。⑧干羽既格:干羽即干舞和羽舞。干舞指舞者手执盾牌而舞,羽舞指舞者持杂色散羽而舞。格:感化。这句话的意思是说舜曾经用文德感化有苗。⑨克谐以孝,烝(zhēng)烝乂(yì),不格奸:烝烝,谓孝德之厚美;乂,善;格奸,至于奸恶。整句话的意思是舜能够用孝使全家和睦、安定,淳厚善良,不至于作奸犯科。⑩瞽瞍(gǔ sǒu)亦允若:瞽瞍是舜的父亲,传说舜的父亲有目但善恶不分,协同象谋害舜。允:信实。若:和顺。⑪管、蔡:即周公的弟弟管叔、蔡叔。武王死后,成王年幼,由周公摄政,

其兄弟管叔、蔡叔等人不服,联合纣王子武庚和东方夷族反叛。周公出师东征,平定叛乱。

【赏读】

正德三年(1508),贵州宣慰使安贵荣出资重修了始建于隋代的象祠,嘱托时任龙场驿丞的王阳明为之作记。王阳明十分重视这位慷慨的地方长官的嘱托,次年年初亲赴灵博山象祠考察之后写下此文。

本文在文意上有三层转折,我们在阅读时不可错过。

文章开篇的问答是第一处转折。对于当时的读书人来说,瞽瞍与象之不仁是尽人皆知的。《史记·五帝本纪》记载:"舜父瞽瞍盲,而舜母死,瞽瞍更娶妻而生象,象傲。瞽瞍爱后妻子,常欲杀舜,舜避逃;及有小过,则受罪。顺事父及后母与弟,日以笃谨,匪有解。"了解这一背景之后,我们不难揣摩文章开篇王阳明明知故问的潜台词:"你们怎么会为这么一个坏透了的人修祠?"安贵荣的回答非常实在:"我们也不清楚祖先是在什么时候出于什么目的修建了这座祠。可既然祖祖辈辈以来它一直在这里,一定有它存在的道理。我们又怎能让它废弃呢?"友人修祠之后请作者作记,作者却责怪他为何要修这样的祠。一问一答将读者的兴趣调动起来了。

安贵荣含混的回答引发了王阳明深远的联想,文意的第二次转折就在此处。在中国历史上,象一向是个反面典型。人们曾经在象的封地有鼻为象建祠,道州刺史薛伯高为了扬善惩恶而将这祠给毁弃。苗人又怎么会为这样一个恶人建祠呢?既然安贵荣修此祠不是为了纪念象而是出于遵从祖训,苗人的祖先会不会是为了纪念舜而修建这座祠呢?有鼻之毁象祠与苗人之修象祠形成鲜明对比,这组对比会让读者心中的疑问加深。作者似是而非的解释只能让这个问题的答案越发充满疑窦。至此,读者的思考一直被作者牵引,却已呈现出逃离的迹象。

全文立意的重心全在第三次文意的转折。作者也清楚,遵从祖先而建象祠和只为纪念舜帝而建象祠,这两条理由都是站不住脚的,象祠必定是人们为了纪念象本人而建。我们从《史记》和其他史传材料中都只了解到了那个年轻时桀骜不仁的象,《尚书》不是说舜一家人后来和和睦睦没有人做坏事吗?从《尚书》的记载我们可以推断出瞽瞍和象后来都改邪归正了。如果象后来真的改邪归正了,那么人们纪念象的理由就十分充足了。人们给象建祠既是为了纪念那个已经归"仁"的象,也是为了鼓励天下人弃恶从善。

此时的阳明还未创立"良知"学说,但作者在文中所宣扬的思想与其"良知"学说是一致无二的。首先,王阳明始终相信人性本善,连盗贼与恶魔心中都有良知的存在。其次,圣人的良知有着无穷无尽的感召力,他们能感化自己周围的人。第三,只要能擦亮心中的良知,所有的人都能够弃恶从善。

在推测完苗人修建象祠的初衷之后,作者掷地有声地亮出观点:"盖有以信人性之善,天下无不可化之人也。"是啊,连象都为被感化为仁义之士,天下哪里还有感化不了的人呢?屡交恶人之后依然能够相信人性本善,屡遭磨难之后依然能够相信世间美好,这是阳明哲学最感人的地方,这也是阳明散文最打动我们的地方。

尊经阁记

经,常道①也:其在于天谓之命;其赋于人谓之性;其主于身谓之心。心也,性也,命也,一②也。通人物,达四海,塞天地,亘古今,无有乎弗具,无有乎弗同,无有乎或变者也,是常道也。

其应乎感也,则为恻隐,为羞恶,为辞让,为是非;其见于事也,则为父子之亲,为君臣之义,为夫妇之别,为长幼之序,为朋友之信。是恻隐也,羞恶也,辞让也,是非也;是亲也,义也,序也,别也,信也,一也。皆所谓心也,性也,命也。通人物,达四海,塞天地,亘古今,无有乎弗具,无有乎弗同,无有乎或变者也,是常道也。

以言其阴阳消长③之行焉,则谓之《易》;以言其纪纲政事之施焉,则谓之《书》;以言其歌咏性情之发焉,则谓之《诗》;以言其条理节文④之著焉,则谓之《礼》;以言其欣喜和平之生焉,则谓之《乐》;以言其诚伪邪正之辨焉,则谓之《春秋》。是阴阳消长之行也,以至于诚伪邪正之辨也,一也。皆所谓心也,性也,命也。通人物,达四海,塞天地,亘古今,无有乎弗具,无有乎弗同,无有乎或变者也。夫是之谓"六经"。"六经"者非他,吾心之常道也。

是故《易》也者,志吾心之阴阳消息者也;《书》也者,志吾心之纪纲政事者也;《诗》也者,志吾心之歌咏性情者也;《礼》也者,志吾心之条理节文者也;《乐》也者,志吾心之欣喜和平也;《春秋》也者,志吾心之诚伪邪正者也。君子之于六经也,求之吾心之阴阳消息而时行焉,所以尊《易》也;求之吾心之纪纲政事而时施焉,所以尊《书》也;求之吾心之歌咏性情而时发焉,所以尊《诗》也;求之吾心之条理节文而时著焉,所以尊《礼》也;求之吾心之欣喜和平而时

生焉,所以尊《乐》也;求之吾心之诚伪邪正而时辨焉,所以尊《春秋》也。

盖昔者圣人之扶人极⑤,忧后世,而述"六经"也,犹之富家者之父祖虑其产业库藏之积,其子孙者或至于遗忘散失,卒因穷而无以自全也,而记籍其家之所有以贻之,使之世守其产业库藏之积而享用焉,以免于困穷之患。故"六经"者,吾心之记籍也,而"六经"之实则具于吾心。犹之产业库藏之实积,种种色色,具存于其家,其记籍者,特名状数目而已。而世之学者,不知求"六经"之实于吾心,而徒考索于影响⑥之间,牵制于文义之末,硁硁⑦然以为是"六经"矣。是犹富家之子孙,不务守视享用其产业库藏之实积,日遗忘散失,至为窭人⑧丐夫,而犹嚣嚣然⑨指其记籍曰:"斯吾产业库藏之积也!"何以异于是?

呜呼!"六经"之学,其不明于世,非一朝一夕之故矣。尚功利,崇邪说,是谓乱经;习训诂,传记诵,没溺于浅闻小见,以涂天下之耳目,是谓侮经;侈淫辞,竞诡辩,饰奸心盗行,逐世⑩垄断⑪,而犹自以为通经,是谓贼经。若是者,是并其所谓记籍者,而割裂弃毁之矣,宁复之所以为尊经也乎?

越城⑫旧有稽(编者注:应为"蕺")山书院,在卧龙西冈,荒废久矣。郡守渭南南君大吉,既敷政于民,则慨然悼末学之支离,将进之以圣贤之道,于是使山阴令吴君瀛拓书院而一新之,又为"尊经"之阁于其后,曰:"经正,则庶民兴;庶民兴,斯无邪慝⑬矣。"阁成,请予一言,以谂⑭多士,予既不获辞,则为记之若是。呜呼!世之学者,得吾说而求诸其心焉,其亦庶乎知所以为尊经也矣。

【注释】

①经:指儒家经典;常道:永恒的规范。②一:统一。此句谓心、性、命这三者是统一的。③消长:增减,盛衰,谓变化。④条理节文:指礼节秩序。⑤扶:匡扶,扶正;人极:即纲纪,指社会的道德准则。⑥影:影子;响:回声。"影响"指空泛无据的传述。⑦硁硁(kēng):见识浅陋却很固执的样子。⑧窭(jù)人:贫苦的人。⑨嚣嚣然:自觉得意的样子。⑩逐世:追随世俗。⑪垄断:指像商人一样,把学问当作渔利的手段。《孟子·公孙丑下》:"有贱丈夫焉,必求龙(垄)断而登之,以左右望而罔市利。"⑫越城:即今浙江绍兴县。⑬慝(tè):奸邪,邪恶。⑭谂(shěn):规劝。

【赏读】

北宋康定元年(1040),范仲淹担任越州知州,在州治创立蕺山书院,聘著名学者石待旦主持书院,四方受业者甚众。南宋乾道六年(1170),朱熹曾来蕺山书院讲学。进入元代之后,书院逐渐冷落乃至废弃。明嘉靖三年(1524)绍兴知府南大吉与山阴县令吴瀛扩建蕺山书院,增建"明德堂"、"尊经阁"。邀请在乡守制的王阳明来书院讲学,王阳明在讲学期间写下了这篇《尊经阁记》。

尊经阁是专门收藏儒家经典著作的图书馆,许多地方的府学、孔庙里都有这样的建筑。本文没有将重心落在对地形地

绍兴蕺山书院(陈允文 摄)

貌、建筑式样、修建过程等常规知识的介绍上,而是另辟蹊径,借为尊经阁作记阐述"经"的本质内涵与外在表现,探讨人们对待"经"的正确态度。

文章开篇两段文字以不容辩驳之坚决及势不可当之豪迈阐述"经"的本质内涵,在语言风格上接近《孟子》。我国古代书籍按内容可分为经、史、子、集这四大类,其中"经"的地位最高,它特指儒家经典著作。儒家共同承认的经典著作起初只有"六经",即《诗》、《书》、《礼》、《易》、《乐》、《春秋》,据说这六部经书都是孔子亲自编订的,其权威地位不容置疑。后来人们又将《孟子》《中庸》等书也纳入经书的范畴,称作"十三经"或"十五经"。本文所探讨的"经"仅限于"六经"。在阳明看来,"经"是放之四海而皆准的恒常规范,我们的心、性、命与"经"同质而异形,恻隐、羞恶、辞让、是非这四端是"经"在内心感受方面的投射,亲、义、序、别、信五伦是"经"在为人处世方面的外现。我们知道,王阳明秉持"心外无物,心外无理"的一元论哲学观。本段所论,涉及"六经"、四端、五伦这三个不同方面,在常人看来它们一为文字、一为思想、一为人事,似乎是风马牛不相及的,阳明却能一针见血地看到它们本质上的同一性。

接下来两段文字紧承上文阐述经的表现形式。《周易》是用来记载圣人内心阴阳变化的,《尚书》是用来记载圣人心中典章法制政事的,《诗经》是用来记载圣人思想感情起伏的,《周礼》与《礼记》是用来记载圣人内心不同礼仪制度的,《乐经》是用来记载圣人内心欢愉平和的,《春秋》是用来记载圣人内心诚伪邪正的。这"六经"既是对宇宙人生的观察与记录,也是圣人内心的独白与倾诉;圣人与常人,道德水准可能相差千万里,但其内心却又是极其相似的。从思想原理来看,王阳明对"六经"表现形式的论述与他的"良知"学说是高度一致的,阳明对"圣人必可学而至"、"人人心中有仲尼"坚信不疑。

全文论述的重心落在五、六两段,这两段探讨人们对待"六经"的不同态

度。"六经"其实只是圣人内心的记载,因此我们学习"六经"不是死守章句,不必夸耀竞赛。那些将"六经"倒背如流的人,那些熟知"六经"每一条注释的人,那些借"六经"推销歪理邪说的人,都不是真正尊崇"六经"的人。真正尊崇"六经"的人清楚"六经"只是我们内心的记载,让我们的内心变得充盈而高尚才是学习"六经"的捷径。本段用富家子弟对待家产记录簿来比喻人们对于"六经"的错误态度,让略显刻板的论述变得妙趣横生。

最后一段文字简略交代南大吉与吴瀛重修稽山书院之事并点明自己写作此文的目的所在。尊崇"六经"应求诸心而不应求诸纸,立德为求学之本,文字只是求学之末,学者万万不可本末倒置。

与阳明的其他散文篇章相比,反复手法的大量运用算是本文一大特色。"通人物,达四海,塞天地,亘古今,无有乎弗具,无有乎弗同,无有乎或变者也"这一段话在前三段中反复出现,"心也,性也,命也"也曾三次出现。这样的反复除了具有增强诵读气势、强化所写内容的作用外,还有向"六经"致敬的成分。

应天府①重修儒学记

甲戌

应天,京兆②也。其学为东南教本,国初以为太学。洪武辛酉③,始改创焉;再修于正德之己酉④。自是而后,浸以敝圮⑤。正德壬申,府尹张公宗厚始议新之,未成而迁中丞以去。白公辅之相继为尹,乃克易朽兴颓,大完其所未备,而又自以俸余增置石栏若干楹于棂星门⑥之外。于是府丞赵公时宪亦协心赞画⑦,故数十年之废,一旦修举,焕然改观。师模士气,亦皆鼓动兴起。庙学一新。教授张云龙等与合学之士二百有若干人撰序二公之绩,征⑧予文为记。予既不获辞,则谓之曰:

多师多士,若知二公修学之为功矣,亦知自修其学以成二公之功者乎?夫立之师儒,区其斋庙⑨,昭其仪物,具其廪庾⑩,是有国者之立学也,而非士之立学也;缉⑪其弊坏,新其圮墁⑫,给其匮乏,警其怠弛,是有司者之修学也,而非士之修学也。士之学也,以学为圣贤。圣贤之学,心学也。道德以为之地,忠信以为之基,仁以为宅,义以为路,礼以为门,廉耻以为垣墙,"六经"以为户牖,四子⑬以为阶梯。求之于心而无假于雕饰也,其功不亦简乎?措之于行而无所不该⑭也,其用不亦大乎?三代之学皆此矣。我国家虽以科目取士,而立学之意,亦岂能与三代异! 学之弗立,有国者之缺也;弗修焉,有司者之责也;立矣修矣,而居其地者弗立弗修,是师之咎、士之耻也。二公之修学,既尽有司之责矣,多师多士无亦相与自修其学,以远于咎耻者乎! 无亦扩乃⑮地,厚乃基,安乃宅,辟乃门户,固乃垣墙;学成而用,大之则以庇天下,次之则以庇一省一郡,小之则以庇其乡闾家族,庶亦无负于国家立学之意、有司修学之心哉! 若乃旷安宅,舍正路,圮基壤垣⑯,倚圣贤之门户以为奸,是学校之为萃渊薮⑰也,则是朝廷立之而为士者倾之,有司修之而为士者毁之,亦独何心哉!

应天为首善之地,豪杰俊伟,先后相望;其文采之炳蔚,科甲之盛多,乃其所素余,有不屑于言者。故吾因新学之举,嘉多师多士忻然⑱有维新之志,而将进之圣贤之学也。于是乎言。

【注释】

①应天府:即今江苏南京。明朝建国后,朱元璋将集庆路改名为应天府,定为首都。北宋时期的河南商丘也曾被命名为应天府,历史上著名的应天府书院即在商丘。②京兆:汉代指长安及其近郊,后泛指都城。③洪武辛酉:公元1381年,洪武是明太祖朱元璋的年号。④正德之己酉:明武宗朱厚照年号为正德,在位十五年,其间不含己酉,此处疑为"弘治之己酉"(1489)之误。⑤浸以敝圮:逐渐破落毁坏。⑥棂星门:古代文庙中轴线上的牌楼式木质或石质建筑。⑦赞画:辅佐,辅助。⑧征:索求。⑨区其斋庙:依照行政区域设置孔庙,"区"作动词使用。⑩廪庖:也称"廪膳",国家发给在册儒生的膳食津贴。⑪缉:整修。⑫圬墁(wū màn):亦作"圬镘",涂饰墙壁,粉刷。⑬四子:"四书"作者的简称,四子依次为曾子(《大学》)、孔子(《论语》)、孟子(《孟子》)、子思《中庸》)。⑭该:通"赅",具备,包括一切。⑮乃:你们的。以下几个"乃"字用法同此例。⑯旷:荒废。圮基壤垣:毁坏墙基,拆除围墙。⑰渊薮(sǒu):人或事物集中的地方。这句的意思是:如果你们荒废安好的住宅,舍弃正直的大路,毁坏儒学的墙基,倚傍着圣贤的门户而作奸犯科,那么学校就变成了罪恶聚集的场所了。⑱忻(xīn)然:喜悦、愉快的样子。

【赏读】

明清两代,全国各府、州、县分别设立府学、州学和县学。这些学校每年招生一次,考生有两大来源:一为民间俊秀,二是官员子弟。在册就读的学生可以享受适量的廪膳和相应的徭役减免。这些学校的在读学生大多以参加科举考试获得功名为目的,也有少数为享受廪膳或骗取学历而滥竽充数的。王阳

明《应天府重修儒学记》一文在肯定官方重修府学政绩的同时,也对府学学生的治学目的、治学态度和治学方法提出了委婉的批评。

文章首段简要交代作文背景。应天府学位于南京城南秦淮河畔,与明初太学同址,后来太学迁址至城北鸡鸣山下,这里专供府学使用。对应天府学有直接管理责任的,一为南直隶提学御史,一为应天府尹。在府学的历次修缮过程中,当地士绅乡贤也贡献了相当多的力量。阳明在介绍应天府学修缮过程时,表扬了府尹张公、白公和府丞赵公的作为,而未提及提学御史,这里也许蕴藏着作者的褒贬。

次段借着府学重修来探讨儒学复兴道路上的各方职责,阐明心学为治学之要途的观点。段首用反问句强调读书人既然明晓白公、赵公重修府学之功绩,就应该勤学苦读来彰显他们的功绩,而后作者又从国家、地方、个人这三个层面来阐述为学之责。首句与其后的句子构成点染关系。国家领导人已尽倡立儒学之职,地方官员已尽修缮府学之责,读书人遇此圣明之时机,如果不能一心向学,那就是老师的过错,也是读书人的耻辱。府学主修举业,作者在各地书院讲座倡导身心之学。就基本观点而言,作者对于府学的办学模式是心怀不满的。但在这篇为应天府学重修而写的文章中,作者不便直接批评举业之学的功利性,而是巧妙地将以中举为目的、以死记硬背为学法的举业之学嫁接在心学的根基之上。作者明确指出,求学一定要学习圣贤,而圣贤之学其实就是心学。既然圣贤之学本为心学,那么"六经"的功能充其量只相当于门窗,"四书"也就只相当于阶梯,它们都只是我们学习圣贤的工具,而不是我们为学的真正目的所在。我们求学的真正目的一定在于提升自己的道德水准。如果我们一面吟诵圣人的章句,一面又为非作歹,那么学校就会成为藏污纳垢的罪恶聚集之地。作者曾经多次撰文批判以记诵为主的空头学问和以夸饰为主的辞章之学。在作者看来,真正的圣贤之学既不是背与记,也不是写作,而是实践。行孝悌、履诚信的粗人要远高尚于那些满口仁义道德满腹男盗女娼的伪道学。

文章结尾将笔锋转回府学的基本职能,并借此表达作者的期待。府学的兴衰在一定程度上反映着地方文化的兴衰。应天府为首善之地,这里的人文教化一向领先于全国其他地区。作者也期望应天府学诸学子能借府学修缮之契机百尺竿头更进一步。

平庸的应酬性文字通常有两类弊病,一是内容上难以拓展,二是文风上易陷阿谀。本文内容逐层深入,极尽腾挪转换之妙,又能做到首尾呼应,浑然一体。而在文风上又能将适度的表扬与委婉的批评熔于一炉,既不谄媚,又不狂傲,甚是得体。

从吾道人记

海宁董萝石①者,年六十有八矣,以能诗闻江湖间。与其乡之业诗者十数辈为诗社,旦夕操纸吟鸣②,相与求句字之工,至废寝食,遗生业。时俗共非笑之,不顾,以为是天下之至乐矣。

嘉靖甲申春,萝石来游会稽,闻阳明子方与其徒讲学山中,以杖肩其瓢笠诗卷来访。入门,长揖上坐。阳明子异其气貌,且年老矣,礼敬之。又询知其为董萝石也,与之语连日夜。萝石辞弥谦,礼弥下,不觉其席之弥侧③也。退,谓阳明子之徒何生秦曰:"吾见世之儒者支离琐屑,修饰边幅,为偶人④之状;其下者贪饕⑤争夺于富贵利欲之场;而尝不屑其所为,以为世岂真有所谓圣贤之学乎,直假道是以求济其私耳!故遂笃志于诗,而放浪于山水。今吾闻夫子良知之说,而忽若大寐之得醒,然后知吾向之所为,日夜弊精劳力者,其与世之营营利禄之徒,特清浊之分,而其间不能以寸也。幸哉!吾非至于夫子之门,则几于虚此生矣。吾将北面夫子而终身焉,得无既老而有所不可乎?"秦起拜贺曰:"先生之年则老矣,先生之志何壮哉!"入以请于阳明子。阳明子喟然叹曰:"有是哉?吾未或见此翁也!虽然,齿长于我矣。师友一也⑥,苟吾言之见信,奚必北面而后为礼乎?"萝石闻之,曰:"夫子殆以予诚之未积欤?"

辞归两月,弃其瓢笠,持一缣⑦而来。谓秦曰:"此吾老妻之所织也。吾之诚积,若此缕矣。夫子其许我乎?"秦入以请。阳明子曰:"有是哉?吾未或见此翁也!今之后生晚进,苟知执笔为文辞,稍记习训诂,则已侈然自大,不复知有从师学问之事。见有或从师问学者,则哄然共非笑,指斥若怪物。翁以能诗训后进,从之游者遍于江湖,盖居然先辈矣。一旦闻予言而弃去其数十年之成业如敝屣,遂求北面而屈礼焉,岂独今之时而未见若人,将古之记传所载,亦未多数也。夫君子之学,求以变化其气质焉尔。气质之难变者,以客气⑧之为患,而不能以屈下于人,遂至自是自欺,饰非长傲,卒归于凶顽鄙倍。故凡世之为子而不能孝,为弟而不能敬,为臣而不能忠者,其始皆起于不能屈下,而客气之为患耳。敬惟理是从而不难于屈下,则客气消而天理行,非天下之大勇不足以与于此。则如萝石,固吾之师也,而吾岂足以师萝石乎?"萝石曰:"甚哉,夫子之拒我也!吾不能以俟请矣!"入而强纳拜焉。

阳明子固辞不获，则许之以师友之间。与之探禹穴，登炉峰，陟秦望，寻兰亭之遗迹，徜徉于云门、若耶、鉴湖、剡曲⑨。萝石日有所闻，益充然有得，欣然乐而忘归也。

其乡党之子弟亲友与其平日之为社者，或笑而非，或为诗而招之返，且曰："翁老矣，何乃自苦若是耶？"萝石笑曰："吾方幸逃于苦海，方知悯若之自苦也，顾以吾为苦耶？吾方扬鬐于渤澥⑩，而振羽于云霄之上，安能复投网罟而入樊笼乎？去矣，吾将从吾之所好！"遂自号曰"从吾道人"。

阳明子闻之，叹曰："卓哉萝石！'血气既衰，戒之在得'⑪矣，孰能挺特奋发而复若少年英锐者之为乎？真可谓之能'从吾所好'矣。世之人从其名之好也，而竞以相高；从其利之好也，而贪以相取；从其心意耳目之好也，而诈以相欺；亦皆自以为从吾所好矣。而岂知吾之所谓真吾者乎！夫吾之所谓真吾者，良知之谓也。父而慈焉，子而孝焉，吾良知所好也；不慈不孝焉，斯恶之矣。言而忠信焉，行而笃敬焉，吾良知所好也；不忠信焉，不笃敬焉，斯恶之矣。故夫名利物欲之好，私吾之好也，天下之所恶也；良知之好，真吾之好也，天下之所同好也。是故从私吾之好，则天下之人皆恶之矣，将心劳日拙而忧苦终身，是之谓物之役。从真吾之好，则天下之人皆好之矣，将家、国、天下，无所处而不当；富贵、贫贱、患难、夷狄，无入而不自得；斯之谓能从吾之所好也矣。夫子尝曰'吾十有五而志于学'，是从吾之始也；'七十而从心所欲，不逾矩'，则从吾而化⑫矣。萝石逾耳顺而始知从吾之学，毋自以为既晚也。充⑬萝石之勇，其进于化也何有哉？呜呼！世之营营于物欲者，闻萝石之风，亦可以知所适从也乎！"

【注释】

①董萝石(1457—1533)：名沄，字复宗，号萝石，晚号从吾道人。②吟哦：吟哦诗句。③其席之弥侧：座位席越来越往边上挪移，这里形容萝石对阳明的态度瞬间由傲转敬。④偶人：即偶像，用土木等制成的人像。⑤贪饕(tāo)：贪得无厌。⑥师友一也：做老师和做朋友是一样的。⑦缣(jiān)：双丝织成的细绢。⑧客气：语出《左传》："客气非勇也。"原指不能持久的勇气，后指非人性所固有、由后天熏染而成的虚傲之气。⑨禹穴、炉峰、秦望、兰亭、云门、若耶、鉴湖、剡曲都是绍兴一带的名胜景观。⑩扬鬐(qí)：摇动背脊上的鳍；渤澥(xiè)：渤海。⑪血气既衰，戒之在得：语出《论语·季氏》，指老年人所戒在贪得无厌。⑫化：化境。⑬充：充足，这里作动词用，有"发扬"之意。

【赏读】

我国历朝历代不乏好学之士,他们勤奋刻苦的故事总能给学子以精神的激励。"悬梁刺股""囊萤映雪""凿壁偷光""牛角挂书"等耳熟能详的成语故事劝诫我们要抓紧一切时间、充分利用各种条件学习文化知识。与这类故事相比,从吾道人求学的故事更令我们感动和敬佩。

初见阳明,董沄六十八岁,是太湖一带知名的诗人。文章先描绘董沄当初对诗文的热衷,为下文写他弃文从道作铺垫。在听阳明讲学之前,董沄认为吟诗作文是天底下最快乐的事,每天同文友一起雕文琢句,达到废寝忘食的程度。董沄是个很自我的人,做事只要自己觉得快乐就可以了,旁人的眼光他是不在乎的。这大概是他后来能"从吾"的个性基础。

董沄去听阳明讲学,可能只是抱着好奇和捉弄的心态,他从来没有想过要有所获益,更没想过要拜阳明为师。所以他头次见阳明时的装束有些奇特,"以杖肩其瓢笠诗卷",流浪诗人的行头。董沄本想听听阳明的学说有哪些明显破绽,将其逐条驳倒便扬长而去。阳明的另一著名弟子王艮也曾有过与董沄相仿的举动。王艮初见阳明时穿着奇装异服,戴着一顶纸糊的帽子,手里还拿着笏板。王艮本人也是讲学高手,他见阳明就是为了砸场子。当然,他们最终都被阳明的讲学深深折服。经过阳明几昼夜的单独辅导,董沄抛却了之前对于理学的成见,要拜阳明为师。可阳明觉得董沄年长于自己,不肯纳他为弟子。董沄离开时还认为阳明是因为自己诚意不够。此段最为传神的描写当数"辞弥谦,礼弥下,不觉其席之弥侧也",借座席的移动和礼节的谦恭来写董沄内心由抗拒到悦纳、由悦纳到崇敬的变化。段末"夫子殆以予诚之未积欤"为下文写董沄再度拜师埋下伏笔。

古代拜师求学,"弟子"与"门生"是两个不容混淆的概念。欧阳修这样辨析这两个概念:"其亲授业者为弟子,转相传授者为门生。"门生的概念相对较为宽泛,入室弟子则要严格得多,纳贽和受拜是成为入室弟子必不可少的条件。董沄说自己诚意不够,正是指自己来得仓促没有准备像样的贽礼。两个月之后再次来到阳明门下,董沄不仅改变了装束,还带来了老妻亲织的细绢作为贽礼。尽管阳明一再推却,他还是强拉着阳明行了跪拜礼。对于董沄的好学,阳明赞不绝口,他说像董沄这样好学的人,不要说是世风日下的今天,就是放到古代也很少听闻。阳明的序记类文字不乏借题发挥甚至含沙射影的成分,本段借着夸赞董沄的好学,作者顺便描绘了当时学者普遍浮躁自大的风气。阳明多年讲学不辍,就是试图扭转这一浮躁的学风。

  董沄正式拜师之后,阳明带着董沄到越中各风景名胜游玩,边游山玩水边探讨心学。如此游学其实是阳明多年来摸索出来的最具实效的教学方法之一,徐爱、黄绾、钱德洪等著名弟子都是这类教学法的受益者。董沄因日有所得而"乐不思海宁",为回应那些诗友的召唤,他改号为"从吾道人",表明己志。

  "从吾"这一称号与阳明心学的主张有其内在的一致性。阳明心学鼓励人们有独立的见解,鼓励人们去追求自己心中的向往。"从吾"代表着人们对于自由与解放的执着追求。可世上打着"从吾"旗号的人大多都在"从名"或"从利",这是因为他们所"从"的"吾"不是"真吾"而是"私吾"。"真吾"与天下同好同恶,而"私吾"则以天下之所恶为吾好。因此,像董沄这样"从吾"不仅不会对他们的利益造成侵害,还有利于良好学风的养成,于家于国于天下无所不当。这样,文章的尾段借着解说"从吾"这一称号的内涵,作者明白晓畅地阐述了自己的良知哲学。由自取"从吾"这一称号来看,董沄虽然从师时间不长,却已较为深邃地领悟到阳明学说的要旨。

  现在我们可以总结一下,董沄身上到底有哪些精神令我们感佩不已。首先当然是他专注好学的学习态度,其次应该是他勇于修正自我的精神,还有他不顾舆论坚持自我的意志品质,最后该提他不以名利为目的的纯粹的学问态度。在阳明这篇人物记之前,人们经常提起的是"蘧伯玉五十而悟四十九岁之非",董沄将悟改年纪向后推延了十九年。有趣的是,在阳明的弟子中还有一位更为年长的,名叫林司训,他七十九岁时一路追赶几千里才得以在江西彭泽拜阳明为师。

  本文描写董萝石的好学精神极尽渲染,写自己对于董萝石的教诲又极为简略,这样的剪裁安排更见作者谦逊低调的品质,也从另一个侧面彰显出阳明讲学的魅力。

第三节 祭文赏读

祭徐曰仁①文

  呜呼痛哉,曰仁!吾复何言!尔言在吾耳,尔貌在吾目,尔志在吾心,吾终可奈何哉!记尔在湘中,还,尝语予以寿不能长久,予诘其故。云:"尝游衡山,梦一老瞿昙②抚曰仁背,谓曰:'子与颜子同德。'俄而曰:'亦与颜子同寿。'觉而疑之。"予曰:"梦耳。子疑之,过也。"曰仁曰:"此亦可奈何?但令得告疾早归林下,冀从事于先生之教,朝有所闻,夕死可矣!"呜呼!吾以为是固梦耳,孰谓乃今而竟如所梦邪!向之所云,其果梦邪?今之所传,其果真邪?今之所传,亦果梦邪?向之所梦,亦果妄邪?呜呼痛哉!

曰仁尝语予:"道之不明,几百年矣。今幸有所见,而又卒无所成,不亦尤可痛乎?愿先生早归阳明之麓,与二三子讲明斯道,以诚身淑后。"予曰:"吾志也。"自转官南、赣,即欲过家,坚卧不出。曰仁曰:"未可。纷纷之议方驰,先生且一行!爱与二三子姑为饘粥③计,先生了事而归。"呜呼!孰谓曰仁而乃先止于是乎!吾今纵归阳明之麓,孰与予共此志矣!二三子又且离群而索居,吾言之,而孰听之?吾倡之,而孰和之?吾知之,而孰问之?吾疑之,而孰思之?呜呼!吾无与乐余生矣。吾已无所进,曰仁之进未量也。天而丧予也,则丧予矣,而又丧吾曰仁何哉?天胡酷且烈也!呜呼痛哉!朋友之中,能复有知予之深、信予之笃如曰仁者乎?夫道之不明也,由于不知不信。使吾道而非邪,则已矣;吾道而是邪,吾能无蕲④于人之不予知予信乎?

自得曰仁讣,盖哽咽而不能食者两日。人皆劝予食。呜呼!吾有无穷之志,恐一旦遂死不克就,将以托之曰仁,而曰仁今则已矣。曰仁之志,吾知之,幸未即死,又忍使其无成乎?于是复强食。呜呼痛哉!吾今无复有意于人世矣。姑俟冬夏之交,兵革之役稍定,即拂袖而归阳明。二三子苟有予从者,尚与之切磋砥砺。务求如平日与曰仁之所云。纵举世不以予为然者,亦且乐而忘其死,惟百世以俟圣人而不惑耳。曰仁有知,其尚能启予之昏而警予之惰邪?呜呼痛哉!予复何言!

【注释】

①徐曰仁(1487—1517):名爱,字曰仁,号横山,是王阳明的开山弟子,后来成为阳明的妹夫,《传习录》第一卷由徐爱辑录而成。②瞿昙:本为印度种姓之一,相传瞿昙是释迦牟尼的祖姓,后来瞿昙也泛指印度过来的僧人。③饘粥:即稀饭。④蕲:通"祈",祈求。

【赏读】

徐爱是王门入室最早的弟子之一,也是王阳明最钟爱的弟子。王阳明曾多次说徐爱"乃吾之颜回"。正德十一年(1516),徐爱回乡省亲,次年五月十七病逝于会稽山阴寓所,时年三十一岁。当时王阳明正在南安、赣州一带率兵征

讨山匪动乱,直至正德十三年(1518)才接到徐爱的死讯,随即写下这篇祭文。

祭文作为古代实用类文体之一,与墓志铭的最大差别在于后者有表彰功绩、警示后人的外在功用,而前者则侧重于寄托后死者的哀思。本文以抒发自己的哀思为主,略写与徐爱的交往片段,几乎不提逝者的家世与作为,可视作祭文的典范。

首段写听闻徐爱去世消息后哀痛欲绝之情。这份哀痛之情的传达一靠句式的选用,一靠往事的追述。"尔言在吾耳,尔貌在吾目,尔志在吾志,吾终可奈何!"前三句,"尔"与"吾"形成对举,表达怀念之深切;第四句,只用一个"吾"暗示回天之无力,道出了历历在目而又阴阳两隔的无奈。这四句中,"尔志在吾志"与其他三句构成主宾关系,作者与徐爱名义上是师生,实质上则是志同道合的朋友,这为后文的抒情奠定了感情基础。"向之所云,其果梦邪?今之所传,其果真邪?今之所传,亦果梦邪?向之所梦,亦果妄邪?"四个反问句形成交错反复,表达了自己不愿相信这噩耗又不得不接受噩耗的苦痛之情。徐爱述梦一事,让我们得以窥探阳明复杂而沉痛的内心世界:1.徐爱之早逝,既是意外之悲,又似命定之痛,生命之无常让人无可奈何。2.瞿昙的预言在肯定徐爱有颜回之仁德的同时,其所假定的孔子是谁?徐爱述梦时无疑是将阳明当成了当代之孔子。阳明夙有成圣之志,而徐爱在自己学术事业的起步阶段就能如此推重自己,阳明对此是心怀感激的。3.徐爱一向体弱多病,又好学不倦,可自己忙于政事,没有更多的时间陪他切磋学问,对他的病情不闻不问,内心之愧疚有谁能知?

第二段写徐爱的高尚品德以及他的英年早逝带给自己的沉重打击。徐爱一直希望阳明早日回归阳明洞与众弟子一起倡明道学,但他看到国家纷乱不已,又规劝阳明接受朝廷任命,并主动承担起师傅外出期间的教学授徒之任。徐爱聪敏好学、大局为重、勇于承担的高尚品德给我们留下了深刻印象。这一番对话描写也印证了首段"子与颜子同德"一句所言不虚。在阳明眼里,徐爱不只是自己的学生,他还是自己成圣之路上的知己。子期去世之后,伯牙不再鼓琴。徐爱离世之后,我又与谁一起探讨圣学呢?

第三段写决心从悲痛中摆脱出来继续圣学的追求。徐爱少阳明十五岁,阳明原本准备由徐爱来继承自己的未竟之业。徐爱的猝然离世让这一计划破灭,要实现徐爱的志愿,则只有亲自带领众弟子切磋砥砺,让圣学得到弘扬。"纵举世不以予为然者,亦且乐而忘其死",让我们看到了阳明决心之坚定。而这份坚定与徐爱不无关系。

据《明儒学案》记载,徐爱去世之后,王阳明给弟子授课时还时常提及徐爱。每每学生疑惑蒙昧之时,阳明就会感叹"如果徐爱在的话……"。徐爱去世时,阳明的学说还没有提升到"良知说"的境界,因此有人将后世关于"良知说"的纷争归因于缺少徐爱的忠实记录和准确理解。所有这些都表明,王阳明在本文中所流露出的悲痛是发自肺腑的。

有人说散文的最高境界不是文辞,不是结构,不是思想,而是那颗赤诚之心。阳明晚年的散文褪尽铅华,唯留一颗赤诚之心与读者同喜同悲。

瘗①旅文

维正德四年②秋月三日,有吏目③云自京来者,不知其名氏。携一子一仆,将之任,过龙场④,投宿土苗家。予从篱落间望见之,阴雨昏黑,欲就问讯北来事,不果。明早遣人觇⑤之,已行矣。薄午⑥有人自蜈蚣坡来,云一老人死坡下,傍两人哭之哀。予曰:"此必吏目死矣。伤哉!"薄暮复有人来,云:"城下死者二人,傍一人坐叹。"询其状,则其子又死矣。明日复有人来,云:"见坡下积尸三焉。"则其仆又死矣。呜呼伤哉!

念其暴骨无主,将二童子持畚锸⑦往瘗之,二童子有难色然。予曰:"嘻!吾与尔犹彼也。"二童悯然涕下,请往。就其傍山麓为三坎埋之,又以只鸡饭三盂,嗟吁涕洟⑧而告之曰:

呜呼伤哉!繄⑨何人?繄何人?吾龙场驿丞余姚王守仁也。吾与尔皆中土之产,吾不知尔郡邑,尔乌为乎来为兹山之鬼乎?古者重去其乡,游宦不逾千里。吾以窜逐而来此,宜也;尔亦何辜乎?闻尔官,吏目耳,俸不能五斗,尔率妻子躬耕,可有也,乌为乎以五斗而易尔七尺之躯?又不足,而益以尔子与仆乎?呜呼伤哉!尔诚恋兹五斗而来,则宜欣然就道,乌为乎吾昨望见尔容戚然⑩,盖不胜其忧者?夫冲冒雾露,扳⑪援崖壁,行万峰之顶,饥渴劳顿,筋骨疲惫,而又瘴疠侵其外,忧郁攻其中,其能以无死乎?吾固知尔之必死,然不谓若是其速,又不谓尔子尔仆亦遽尔奄忽也。皆尔自取,谓之何哉!吾念尔三骨之无依而来瘗尔,乃使吾有无穷之怆也,呜呼痛哉!纵不尔瘗,幽崖之狐成群,阴壑之虺⑫如车轮,亦必能葬尔于腹,不致久暴露尔。尔既已无知,然吾何能为心乎?自吾去父母乡国而来此,二年矣,历瘴毒而苟能自全,以吾未尝一日之戚戚也。念悲伤若此,是吾为尔者重而自为者轻也。吾不宜复为尔悲矣。吾为尔歌,尔听之。

歌曰:"连峰际天兮飞鸟不通;游子怀乡兮莫知西东。莫知西东兮维天则

同,异域殊方兮环海之中,达观随寓兮奚必予宫⑬,魂兮魂兮无悲以恫⑭!"

又歌以慰之曰:"与尔皆乡土之离兮,蛮之人言语不相知兮。性命不可期,吾苟死于兹兮,率尔子仆来从予兮。吾与尔遨以嬉兮,骖紫彪而乘文螭兮⑮,登望故乡而嘘唏兮。吾苟获生归兮,尔子尔仆尚尔随兮,无以无侣悲兮。道傍之冢累累⑯兮,多中土之流离兮,相与呼啸而徘徊兮。飧风饮露,无尔饥兮;朝友麋鹿,暮猿与栖兮。尔安尔居兮,无为厉⑰于兹墟兮!"

【注释】

①瘗(yì):掩埋,埋葬。②维:发语词,无意义;正德四年:公元1509年。③吏目:明代各州的僚佐小官。④龙场:在今贵州省修文县境内。⑤觇(chān):察看,看。⑥薄午:近中午。⑦畚锸(běn chā):畚箕和铁锹。⑧涕洟(tì):涕指眼泪,洟指鼻涕。⑨繄(yī):是,此。⑩蹙(cù)然:忧愁的样子。⑪扳(pān):通"攀"。⑫虺(huǐ):毒蛇。⑬宫:古代对房屋的通称。这句话的意思是:达观的人到处可以安身啊,不一定要住在自己家中。⑭恫(tōng):哀痛。⑮骖(cān):在两边拉车的马叫骖,这里做动词,驾驭的意思;紫彪:紫色的小老虎;文螭(chī):有花纹的蛟龙。⑯累累:繁多、重积的样子。⑰厉:厉鬼。

【赏读】

祭文之所以感人,往往是因为作者与逝者之间有着特别亲密的关系,文中有许多真切感人的细节,韩愈《祭十二郎文》、袁枚《祭妹文》、王阳明本人之《祭徐曰仁文》均是如此。《瘗旅文》算是一个例外,这篇为与作者素昧平生的吏目而写的祭文,其感人程度甚至远甚于前一篇他写给爱徒的祭文,原因何在?这可能是赏读此文时横亘在读者脑海中的一个疑问。

解答这一疑问恐怕要从三个不同角度着手,一是时代与作者阅历,二是作者的思想观念,三是文章的表达特色。

文章首先以简洁的笔墨、平静的语调叙述哀悼死者的原委。在这简短的叙述中,作者对时间的点明、伏笔的安排、叙述的变化和细节的描写,都作了精心的设计。吏目率一子一仆自中土来贵州赴任,因染重疾,一天之内三人相继离世,连为他们收尸的人都没有。这一事实本身就有感人的成分,但这段叙述中真正打动我们的恐怕要数这句:"吾与尔犹彼也。"吏目为了微薄的俸禄千里游宦客死他乡,与作者两年前初赴龙场之情景何其相似!文章表面上在写吏目,骨子里一直在写自己;表面上在哀悼吏目,骨子里是在哀悼自己。"维正德四年秋月三日",开篇如此郑重其事地写下自己见到吏目的具体时间,是因为作者于正德元年冬,为了营救戴铣、薄彦徽等正直臣子而得罪刘瑾,被廷杖四十,谪为龙场驿丞。对于要不要来龙场赴任,阳明曾经有过激烈的思想斗争,后来因为担心老父和兄弟受到牵连,王阳明在回乡省亲之后绕道赴任。来到龙场的初期,阳明的随从都染上瘴疠,阳明自己住进棺材以体验濒死的境界。如果不了解这样的历史背景,我们也就难以理解作者为文时的心态。作者交代吏目三人之死时,笔冷而心热。"此必吏目死矣","则其子又死矣","则其仆又死矣"这三句言词上反复而又有变化,文笔细微变化的背后,是作者内心一次又一次地遭到强烈撞击。"从篱落间望见"、"遣人觇"、"只鸡饭三盂"这些细节写出了作者对老者命运的关注,也体现了阳明的善良。

王阳明在谈论佛道之非时经常指责它们刻意掩饰内心情感逃避人伦之责,而他本人是勇于吐露自己的快乐与悲哀的。接下来的祭文中,作者将自己的悲怆与吏目的遭遇交融在一起,任情感的波涛恣意汹涌。在文中,作者时时将"吾"与"吏目"加以对比,借死者的矛盾生活来写自己内心世界的矛盾。士人总以"修身齐家治国平天下"为己任,可又有几人能在"身"、"家"、"国"这三者间取得平衡?吏目辞别家乡远赴龙场,绝不是为求"五斗米",也不是为了求取"功名",而是因为朝廷既已下了命令,臣子就不得不服从。辞亲赴远蹈死不顾是谓不孝,既遭贬谪拒不赴任则是不忠。吏目赴任之际容颜"戚然",可见他对于赴任的无奈心理。而这份无奈不仅眼前的老吏目有过,作者本人有过,几乎所有封建时代的官吏都曾经有过。这样,吏目之悲即是作者之悲。如果我们将吏目之悲情概括为"遭贬—赴任—就死"这三个阶段的话,那我们会发现,在这一过程中,吏目本人没有任何选择的余地。人生之无奈正在于,在出生的那一刹那我们就知道了终点只能是坟墓,而我们还得按部就班地走完所有的站点。

文章以两篇离骚体的祭辞结篇,给人以无限低回一唱三叹的艺术享受,也让文章悲情得以升华为豁达。第一首表面上劝慰逝者说:达观的人到处可以安身,不一定要住在自己家中,可这一句一韵刻意仿古的言辞让文章的悲情变得更加深切。第二首祭辞安慰逝者说:如果自己也死在这里,就同他们一起遨游;如果自己能够侥幸回归故里,则希望他们能同其他中土贬死此地的孤魂一起呼啸,一起徘徊。初抵龙场时,阳明还放不下生死之念。在卧棺体验之后,阳明已然明白,生与死的差别其实只是存在状态不同。由最后一段祭辞,我们能够读出阳明彻悟生死之后的崇高境界,可我们体味到了高处的孤寂与悲凉。

要真正读懂此文,我们还需对王阳明"民胞物与"、"万物一体"的哲学观有所了解。阳明晚年曾表达"大人者,以天地万物为一体"的观念。一方面,作者强调要将一己之仁扩充到身边的万事万物乃至天下万事万物之中,另一方面,我们又要将万事万物之喜悲与吾心之喜悲建立联系。而这也正是文章能让吏目之客死他乡引起所有读者深切悲哀的原因所在。

真正的圣者不是只能够认识生活的本来面目,而是在深刻了解人生之深切悲哀之后还能善良如初。经历龙场彻悟之后,阳明的境界已近于圣哲。

第四节　书信赏读

答毛宪副①书

昨承遣人喻以祸福利害,且令勉赴大府请谢②。此非道谊深情,决不至此。感激之至,言无所容!

但差人至龙场凌侮,此自差人挟势擅威,非大府使之也。龙场诸夷③与之争斗,此自诸夷愤愠不平,亦非某使之也。然则大府固未尝辱某,某亦未尝傲大府,何所得罪而遽请谢乎?

跪拜之礼,亦小官常分,不足以为辱,然亦不当无故而行之。不当行而行,与当行而不行,其为取辱一也。废逐小臣,所守以待死者,忠信礼义而已。又弃此而不守,祸莫大焉!凡祸福利害之说,某亦尝讲之。君子以忠信为利,礼义为福。苟忠信礼义之不存,虽禄之万钟④,爵以侯王之贵,君子犹谓之祸与害;如其忠信礼义之所在,虽剖心碎首,君子利而行之,自以为福也,况于流离窜逐之微乎?

某之居此,盖瘴疠蛊毒之与处⑤,魑魅魍魉⑥之与游,日有三死⑦焉。然而居之泰然,未尝以动其中者,诚知生死之有命,不以一朝之患而忘其终身之忧也。太府苟欲加害,而在我诚有以取之,则不可谓无憾;使吾无有以取之而横罹⑧焉,则亦瘴疠而已尔,蛊毒而已尔,魑魅魍魉而已尔,吾岂以是动吾心哉!

执事之喻,虽有所不敢承,然因是而益知所以自励,不敢苟有所隳堕,则某也受教多矣,敢不顿首以谢!

【注释】

①毛宪副:名毛科,字应魁,号拙庵,余姚人,明成化十四年进士,时任贵

州按察司副使。都察院在明代以前称为御史台,也称宪台,故称毛科为宪副。②大府:指知府衙门。请谢:请罪谢罪。③诸夷:这里指龙场当地的百姓。④万钟:指优厚的俸禄。钟,古代容量单位,六斛四斗为一钟。⑤瘴疠(zhàng lì):感受瘴气而生的疾病,亦泛指恶性疟疾等病,此病于山林湿热地区流行。蛊(gǔ)毒:指各种虫蛇的毒。⑥魑魅魍魉(chī mèi wǎng liǎng):是古代汉族传说中害人的鬼怪的统称。⑦日有三死:每天有三种可死的机会,即瘴疠、蛊毒、魑魅魍魉。⑧横罹(lí):意外遭难。

【赏读】

王阳明贬谪至龙场一段时间之后,生活终于安顿下来,与当地百姓的关系也十分融洽。一天,龙场来了位官员,他走到之后就盛气凌人地指责王阳明迟迟没去拜访思州太守。龙场在思州的属地之内,新官到任之后或上级来探望下属或下属拜访上级,都在礼节之内。当地百姓本就同情阳明的窘迫处境,认为上级官员对阳明照顾不周,又看到这官员如此骄横,就动手痛打了他一顿。官员回去之后将此事添油加醋地报告给太守,太守又将此事告到贵州按察副使毛科那里。毛科写信让阳明认清形势,摆正自己谪官的位置,去向太守行叩头礼谢罪。阳明写了这封信答复毛科。

毛科与阳明同为余姚老乡,但两人此前没有交往,毛科来信旨在充当和事佬,化解下属间的矛盾。因此,阳明在这封回信的开头对毛科的做法表示感激,既是出于礼貌,也有不激化矛盾、不扩大对立面的战略考虑。

可对于毛科让自己去给太守叩头谢罪的提议,阳明绝不屈从。二至四段,阳明从三个层面阐述自己不去叩头谢罪的理由。一是从事实层面来看,叩首谢罪本是无理无据之说。太守没有侮辱自己,自己也没有傲慢太守,可以说是两不相欠,叩首谢罪之说从何谈起?二是从品格操守来说,叩首谢罪于己是"自取其辱",于太守是"陷人于不义"。对自己而言,无故去叩首谢罪是背弃礼义操守,而对太守来说,无故接受叩首谢罪也是背弃礼义操守。三是从事件结果来看,无论此事导致怎样的后果我都能平静接受。如果太守今后借机加害于自己,要么是自己确实行为有所偏差,罪有应得,要么是横加祸害,我会将之视作遭受"瘴疠"、"蛊毒"或"魑魅魍魉"的毒害。

阳明此信以正人君子自居而将太守比作"瘴疠蛊毒",这无疑会激化自己和太守之间的矛盾。幸运的是,收到此信的毛科先生本人也是位正直的学者。他推重阳明身上的这股凛然正气,也折服于阳明学问的精深宏博。此后,他充

当起阳明保护神的职责,再无人敢恣意凌辱阳明。为了推广阳明学术并改善阳明的物质条件,毛科还曾邀请阳明赴省城贵阳文明学院讲学,可惜阳明因为身体原因未能成行。

阳明的这封回信,呈现在我们面前的是叙事的条理清晰和说理的周全,而文章背后站立的那个人更令我们敬慕,他处于逆境而能坚守人格操守,居于屋檐下就是不低头。陈柱在《中国散文史》中这样评价《答毛宪副书》一文:"阳明此文,殆可谓浩然之气,至大至刚,以直养而无害,可以塞天地之间者矣。其文真可与《孟子》并读。"

通过此文,我们也可以对明代中期的士风有所了解。不以皇家之好恶作为判断人品高下之标准,不以官阶高低作为人际交往尊卑之区别,虽屡遭打压,但多数士人还能坚持思想之自由与人格之独立方面的追求。

答徐成之(二)

昨所奉答,适有远客酬对纷纭,不暇细论①。姑愿二兄②息未定之争,各反究其所是③者,必己所是已无丝发之憾,而后可以及人之非。早来承教,乃为仆漫为含糊两解之说,而细度辞旨,若有阴助舆庵而为之地者,读之不觉失笑。曾为吾兄而亦有是言耶?仆常以为君子论事当先去其有我之私,一动于有我,则此心已陷于邪僻,虽所论尽合于理,即已亡其本矣。尝以是言于朋友之间,今吾兄乃云尔,敢不自反其殆陷于邪僻而弗觉也?求之反复,而昨者所论实未尝有是。则斯言也无乃吾兄之过欤?虽然,无是心而言之未尽于理,未得为无过也。仆敢自谓其言之已尽于理乎?请举二兄之所是者以求证。

舆庵是象山,而谓其"专以尊德性④为主",今观《象山文集》所载,未尝不教其徒读书穷理。而自谓"理会文字颇与人异"者,则其意实欲体之于身。其亟所称述以诲人者,曰"居处恭,执事敬,与人忠⑤",曰"克己复礼",曰"万物皆备与我,反身而诚,乐莫大焉⑥",曰"学问之道无他,求其放心而已⑦",曰"先立乎其大者,而小者不能夺⑧"。是数言者,孔子、孟轲之言也,乌在其为空虚者乎?独其"易简觉悟"之说颇为当时所疑。然"易简"之说出于《系辞》⑨,"觉悟"之说虽有同于释氏⑩,然释氏之说亦自有同于吾儒,而不害其为异者,惟在于几微毫忽之间而已。亦何必讳于其同而遂不敢以言,狃⑪于其异而遂不敢以察之乎?是舆庵之是象山,固犹未尽其所以是也。

吾兄是晦庵,而谓其"专以道问学为事"。然晦庵之言,曰"居敬穷理⑫",曰

"非存心无以致知",曰"君子之心常存敬畏,虽不见闻,亦不敢忽,所以存天理之本然,而不使离于须臾之倾也"⑬。是其为言虽未尽莹,亦何尝不以尊德性为事?而又乌在其为支离者乎?独其平日汲汲于训解,虽《韩文》、《楚辞》、《阴符》、《参同》⑭之属,亦必与之注释考辨,而论者遂疑其玩物。又其心虑恐学者之躐等⑮而或失之于妄作,使必先之以格致而无不明,然后有以实之于诚正而无所谬。世之学者挂一漏万,求之愈繁而失之愈远,至有敝力终身,苦其难而卒无所入,而遂议其支离。不知此乃后世学者之弊,而当时晦庵之自为,则亦岂至于是乎?是吾兄之是晦庵,固犹未尽其所以是也。

夫二兄之所信而是者既未尽其所以是,则其所疑而非者亦岂必尽其所以非乎?然而二兄往复之辩不能一反焉,此仆之所以疑其或出于求胜也。一有求胜之心,则已亡其学问之本,而又何以论学为哉!此仆之所以惟愿二兄之自反也,安有所谓"含糊两解而随为舆庵之地"者哉?

夫君子之论学,要在得之于心。众皆以为是也,苟求之心而未会焉,未敢以为是也。众皆以为非也,苟求之心而有契焉,未敢以为非也。心也者,吾所得于天地之理也,无间于天人,无分于古今。苟尽吾心以求焉,则不中不远矣。学也者,求以尽吾心也。是故尊德性而道问学,尊者,尊此者也;道者,道此者也。不得于心而惟外信于人以为学,乌在其为学也已!

仆尝以为晦庵之与象山,虽其所为学者若有不同,而要皆不失为圣人之徒。今晦庵之学,天下之人童而习之,既已入人之深,有不容于论辩者。而独惟象山之学,则以其尝与晦庵之有言,而遂藩篱之。使若由、赐⑯之殊科焉,则可矣,而遂摈放废斥,若碱砆⑰之于美玉,则岂不过甚矣乎?

夫晦庵折中群儒之说,以发明⑱"六经"、《语》、《孟》之旨于天下,其嘉惠后学之心,真有不可得而议者。而象山辩义利之分,立大本,求放心,以示后学笃实为己之道,其功亦宁可⑲得而尽诬之!而世之儒者,附和雷同,不究其实,而概目之以禅学,则诚可冤也已!

故仆尝欲冒天下之讥,以为象山一暴其说,虽以此得罪,无恨。仆于晦庵亦有罔极之恩,岂欲操戈而入室者?

顾晦庵之学,既已若日星之彰明于天下,而象山独蒙无实之诬,于今且四百年,莫有为之一洗者。使晦庵有知,将亦不能一日安享于庙庑之间矣。此仆之至情,终亦必为吾兄一吐者,亦何肯"漫为两解之说以阴助于舆庵"?舆庵之说,仆犹恨其有未尽也。夫学术者,今古圣贤之学术,天下之所公共,非吾三人者所私有也。天下之学术,当为天下公言之,而岂独为舆庵地哉!

【注释】

①头一天王阳明已经给徐成之回信答辩,因时间所限言辞较为简洁。②指徐成之、王舆庵,两人或为王阳明在北京大兴隆寺讲学时的听众和学友。③各自检讨自己所持的观点。④语出《礼记》:"君子尊德性而道问学,致广大而尽精微,极高明而道中庸"。"尊德性"强调尊重、遵从每一个人的本能和天性的必要性,"道问学"即是指人通过自身修养的途径达到"诚"的境界。⑤语出《论语·子路》,意思是:平日里生活起居要端庄有礼,办事情要严肃认真,待人要真诚。⑥语出《孟子·尽心上》,意思是:一切我都具备了。我反躬自问,自己是忠诚踏实的,这就是最大的快乐。⑦语出《孟子·告子上》。意思是:学问之道没有别的什么,不过就是把那失去了的本心找回来罢了。⑧语出《孟子·告子上》,意思是:先把心这个重要器官树立起来,那么,次要的器官便不能把这善性夺走了。⑨《系辞》:指《周易·系辞》。⑩释氏:即佛教。⑪狃(niǔ):因袭,拘泥。⑫居敬:语出《论语·雍也》"居敬而行简",意为以恭敬自持;穷理:语出《周易·说卦》"穷理尽性以至于命",意为穷究万物的道理。⑬语出朱熹《四书集注》。⑭《韩文》即《韩诗外传》,相传为西汉博士韩婴所著,是一部记述古代汉族史实、传闻的著作,朱熹曾为《诗经集传》作注;《楚辞》,收有战国楚人屈原、宋玉及汉代淮南小山、东方朔、王褒、刘向等人辞赋作品的一部诗歌总集,朱熹的《楚辞集注》是楚辞学史上的重要专著之一;《阴符》即《黄帝阴符经》,内容为道家哲学与修养之术,论涉哲学、军事、养生要旨、气功、食疗、精神调养等方面,朱熹曾为《黄帝阴符经》作注;《参同》即《周易参同契》,东汉魏伯阳所著的道家养生经典,朱熹曾为之作注。⑮躐(liè)等:逾越等级,不按次序。⑯由、赐指孔子的弟子子路(名仲由)和子贡(名端木赐)。⑰碔砆(wǔ fū):似玉之石。⑱发明:阐明。⑲宁可:岂可,难道能够。

【赏读】

王阳明写给徐成之的这封回信,在写作年代上有一定的争议。《王文成公全书》认为它作于嘉靖元年壬午(1522),而《王阳明年谱》以及后人著作都认为它是正德六年辛未(1511)王阳明复官北京在大兴隆寺讲学时与弟子、学友论学的作品。后者似乎更为可取。

徐成之崇尚朱熹的学说,而王舆庵信奉陆九渊的观点,两人就此论争不已,想请王阳明来做裁决。《王阳明全集》中收录了两封阳明给徐成之的回信,选文是第二封的节选部分。在第一封信中,王阳明已经指明王舆庵、徐成之两人都犯了为争强好胜而曲解朱陆的错误。可是收到阳明的第一封信后,徐成之回信认为阳明态度暧昧甚至有偏袒王舆庵的嫌疑,阳明不得不再写一封长信阐明自己的学术态度。

朱熹、陆九渊同为南宋时期著名的思想家、教育家,他们之间在学术思想上,观点不一,如冰炭之不相容,而私下感情却很好,互相尊敬,互相敬慕。他们曾先后两次在信州鹅湖展开辩论,还通过书信进行学术思想、教育思想方面的辩论,史称"朱陆之争"。朱、陆二人的主要争论在"易简与支离""尊德性与道问学"等方面。简而言之,朱熹认为"道问学"重于"尊德性",他把教育与学习当成人们养成良好的道德品质的前提和知识储备,教育与学习的过程是为学生的未来生活所做的一种准备活动;而陆九渊则强调读书学习就是做人,教育、学习的过程就是学会生活、学会做人的过程,目的与手段是不可分离的。

"朱子学"与"阳明学"被后人并列视为与宋明儒学思想的两大阵营。后世学者一般都认为王阳明更加亲近陆九渊而背离朱熹,可王阳明一直强调自己从朱熹身上获益良多,他对朱熹理论的部分修订也都符合朱熹本人晚年的学术观点。在这封回信中,王阳明还是一如既往地表明他对于朱熹与陆九渊的学术争论并没有偏向任何一方,而且就阳明看来,这两位在学术方面大同而小异,是人们运用贴标签式的方法夸张了朱、陆的差异。王舆庵崇尚陆九渊,可是他只强调陆九渊"专以尊德性为主"这一方面,而没有注意到《象山文集》中也留下了许多劝人"读书穷理"、"克己复礼"方面的文句,也就是说陆九渊在肯定"尊德性"的同时并没有忘记"道问学"的可取之处,因此王舆庵对陆九渊的肯定与赞赏是极其片面的。而徐成之在推崇朱熹时所犯的错误也与王舆庵相仿,徐成之一味强调朱熹"专以道问学为事",而没能注意到朱熹"居敬穷理"、"非存心无以致知"等说法,因此朱熹在强调"道问学"的同时从来没有忽视过"尊德性"。

接下来,王阳明再从心理上分析王、徐二人为何都会犯下盲人摸象的错误。王舆庵、徐成之不能全面把握朱熹、陆九渊的学术观点,可能不是因为学术方法有缺陷,也不是用功不够,而是他们在做学问时总有一颗求胜之心。有了这颗求胜之心,学问就脱离了客观真实,而进入"私我"的境地。在学术领域,先入为主和争强好胜都会让学者在搜集材料时对与自己观点相悖的材料有意"遗漏",而对有助于佐证自己观点的材料刻意夸大。

在批评王舆庵、徐成之的同时,王阳明提出了振聋发聩的观点:"众皆以为是也,苟求之心而未会焉,未敢以为是也。众皆以为非也,苟求之心而有契

焉,未敢以为非也。"前人所提出的学术观点,如果与自己的生活经验、人生认知相悖离,即使是像孔子这样的圣人,也不会苟从;而如果它与自己的生活经验、人生认知相契合,即使是普通人提出的观点也欣然接受。在学术思想领域,王阳明可能是第一个如此态度鲜明地主张个性独立的。学问的终极目的是完善人类自身,"为己"才是求学的最高境界。而在阳明看来,要区分"为己"与"为人",其办法就是看你在求学过程中是遵从内心良知的抉择还是屈从于名头与派系。王阳明"求之心"的提法与清代章学诚"学者不可无宗主,而必不可有门户"可谓异曲而同工。只是王阳明的时代要比章学诚要早两百多年。

在书信的末尾,王阳明坦承了自己为陆九渊摇旗呐喊的原因所在。在明朝中期,朱子学一统天下,有许多贬陆九渊学问为禅学的人其实并没有真正探究过陆学的内涵,他们或为科举高中而将朱熹的句子背得滚瓜烂熟,或为从大流而贬损陆九渊。徐成之与世俗之人一样认为阳明亲近于陆九渊而悖离朱熹,支持王舆庵而打击成之,只是因为朱熹的影响无所不在而陆九渊则又被遮蔽已久。

对于阳明学在提倡个性独立方面的功效,人们谈论已多;而对于阳明文章在提倡学术独立方面的主张,还鲜有人提及。这篇《答徐成之》值得阳明学的专家细细探究。

给徐成之的回信是王阳明首次公开自己对于朱陆之辩的态度。他的这番表白遭到了朱子学捍卫者的强烈反对,阳明早年的朋友汪俊、崔铣等人因此宣布与阳明绝交,而朝廷也用较为体面的方式将王阳明逐出京城,让他到南京担任太仆寺少卿这样的闲职。

第五节　奏疏赏读

谏迎佛疏

臣自七月以来,切见道路流传之言,以为陛下遣使外夷,远迎佛教,郡臣纷纷进谏,皆斥而不纳。臣始闻不信,既知其实,然独窃喜幸,以为此乃陛下圣智之开明,善端之萌蘖①。郡臣之谏,虽亦出于忠爱至情,然而未能推原陛下此念之所从起。是乃为善之端,作圣之本,正当将顺扩充,逆流求原。而乃狃于世儒崇正之说,徒尔纷争力沮,宜乎陛下之有所拂而不受,忽而不省矣。愚臣之见独异于是,乃惟恐陛下好佛之心有所未至耳。诚使陛下好佛之心果已真切恳至,不徒好其名而必务得其实,不但好其末而必务求其本,则尧、舜之圣可至,三代之盛可复矣。岂非天下之幸,宗社之福哉!臣请为陛下言其好佛之实。

陛下聪明圣知,昔者青宫②,固已播传四海。即位以来,偶值多故,未暇讲求五帝、三王神圣之道。虽或时御经筵,儒臣进说,不过日袭故事③,就文敷衍。立谈之间,岂能遽有所开发④?陛下听之,以为圣贤之道不过如此,则亦有何可乐?故渐移志于骑射之能,纵观于游心之乐。盖亦无所用其聪明,施其才力,而偶托寄于此。陛下聪明,岂固遂安于是,而不知此等皆无益有损之事也哉?驰逐困惫之余,夜气清明之际,固将厌倦日生,悔悟日切。而左右前后又莫有以神圣之道为陛下言者,故遂远思西方佛氏之教,以为其道能使人清心绝欲,求全性命,以出离生死;又能慈悲普爱,济度群生,去其苦恼而跻之快乐。今灾害日兴,盗贼日炽,财力日竭,天下之民困苦已极。使诚身得佛氏之道而拯救之,岂徒息精养气,保全性命?岂徒一身之乐?将天下万民之困苦,亦可因是而苏息⑤!故遂特降纶音⑥,发币遣使,不惮数万里之遥,不爱数万金之费,不惜数万生灵之困毙,不厌数年往返之迟久,远迎学佛之徒。是盖陛下思欲一洗旧习之非,而幡然⑦于高明光大之业也。陛下试以臣言反而思之,陛下之心,岂不如此乎?然则圣知之开明,善端之萌蘖者,亦岂过为谀言以佞陛下哉!陛下好佛之心诚至,则臣请毋好其名而务得其实,毋好其末而务求其本。陛下诚欲得其实而求其本,则请毋求诸佛而求诸圣人,毋求诸外夷而求诸中国。此又非臣之苟为游说之谈以诳陛下,臣又请得而备言之。

夫佛者,夷狄之圣人;圣人者,中国之佛也。在彼夷狄,则可用佛氏之教,以化导愚顽;在我中国,自当用圣人之道,以参赞化育⑧,犹行陆者必用车马,渡海者必以舟航。今居中国而师佛教,是犹以车马渡海,虽使造父为御,王良⑨为右,非但不能利涉,必且有沉溺之患。夫车马本致远之具,岂不利器乎?然而用非其地,则技无所施。陛下若谓佛氏之道虽不可以平治天下,或亦可以脱离一身之生死;虽不可以参赞化育,而时亦可以导群品⑩之嚚顽⑪。就此二说,亦复不过得吾圣人之余绪⑫。陛下不信,则臣请比而论之。

臣亦切⑬尝学佛,最所尊信,自谓悟得其蕴奥⑭。后乃窥见圣道之大,始遂弃置其说。臣请毋言其短,言其长者。夫西方之佛,以释迦为最;中国之圣人,以尧、舜为最。臣请以释迦与尧、舜比而论之。夫世之最所崇慕释迦者,莫尚于脱离生死,超然独存于世。今佛氏之书具载始末,谓释迦住世⑮说法四十余年,寿八十二岁而没,则其寿亦诚可谓高矣;然舜年百有十岁,尧年一百二十岁,

其寿比之释迦则又高也。佛能慈悲施舍,不惜头目脑髓以救人之急难,则其仁爱及物,亦诚可谓至矣;然必苦行于雪山,奔走于道路,而后能有所济。若尧、舜则端拱⑯无为,而天下各得其所。惟"克明峻德,以亲九族"⑰,则九族既睦;平章百姓⑱,则百姓昭明,协和万邦⑲,则黎民于变时雍⑳;极而至于上下草木鸟兽,无不咸若。其仁爱及物,比之释迦则又至也。佛能方便说法,开悟群迷,戒人之酒,止人之杀,去人之贪,绝人之嗔,其神通妙用,亦诚可谓大矣,然必耳提面诲而后能。若在尧、舜,则光被四表㉑,格于上下㉒,其至诚所运,自然不言而信,不动而变,无为而成。盖"与天地合其德,与日月合其明,与四时合其序,与鬼神合其吉凶",其神化无方而妙用无体,比之释迦则又大也。若乃诅咒变幻,眩怪捏妖,以欺惑愚冥㉓,是故佛氏之所深排极诋㉔,谓之外道邪魔,正与佛道相反者。不应好佛而乃好其所相反,求佛而乃求其所排诋者也。陛下若以尧、舜既没,必欲求之于彼,则释迦之亡亦已久矣;若谓彼中㉕学佛之徒能传释迦之道,则吾中国之大,顾岂无人能传尧、舜之道者乎?陛下未之求耳。陛下试求大臣之中,苟其能明尧、舜之道者,日日与之推求讲究,乃必有能明神圣之道,致陛下于尧、舜之域者矣。故臣以为陛下好佛之心诚至,则请毋好其名而务得其实,毋好其末而务求其本;务得其实而求其本,则请毋求诸佛而求诸圣人,毋求诸夷狄而求诸中国者,果非妄为游说之谈以诳陛下者矣。

陛下果能以好佛之心而好圣人,以求释迦之诚而求诸尧、舜之道,则不必涉数万里之遥,而西方极乐,只在目前;则不必糜㉖数万之费,毙数万之命,历数年之久,而一尘不动,弹指之间,可以立跻圣地;神通妙用,随形随足。此又非臣之谬为大言以欺陛下,必欲讨究其说,则皆凿凿可证之言。孔子云:"我欲仁,斯仁至矣。""一日克己复礼,而天下归仁。"孟轲云"人皆可以为尧、舜",岂欺我哉?陛下反而思之,又试以询之大臣,询之群臣。果臣言出于虚谬,则甘受欺妄之戮。

臣不知讳忌,伏见陛下善心之萌,不觉踊跃喜幸,辄进其将顺扩充之说。惟陛下垂察,则宗社幸甚!天下幸甚!万世幸甚!臣不胜祝望恳切殒越㉗之至!专差舍人某具疏奏上以闻。

【注释】

①萌蘖(niè):萌,生芽、发芽;蘖,树木砍去后又长出来的新芽;喻指事物的开端。②青宫:指太子居东宫;东方属木,于色为青,故称太子所居为青宫。③故事:先例,旧日的典章制度。④开发:启发,开导。⑤苏息:休养生息。⑥纶音:指帝王的诏书旨意。《幼学琼林·朝廷》:皇帝之言,谓之纶音;皇后之命,乃

称懿旨。⑦幡然:很快而彻底地。⑧参赞:协助谋划;化育:教化培育。⑨造父与王良都是古代的驾车能手。《淮南子·览冥训》:"昔者王良、造父之御也,上车摄辔,马为整齐而致谐,投足调均,劳逸若一。"⑩群品:佛教语,即众生。⑪嚣顽:愚妄奸诈。⑫余绪:指次要的部分。⑬切:通"窃",谦词,私下里。⑭蕴奥:精深的含意。⑮住世:谓身居现实世界,与"出世"相对。⑯端拱:指帝王庄严临朝,清简为政。⑰克明峻德,以亲九族:意思是能够发扬高尚的道德,使家庭亲密和睦。此句直至"格于上下"这六条注释均语出《尚书·尧典》。⑱平章是平正彰明;平的意思是辨别之义;章通"彰",有彰明、显著、鲜明的意思。⑲协和万邦:使天下各国团结起来。⑳黎民于变时雍:天下众民也相递变化友好和睦起来了。㉑光被四表:形容盛德善行远播四方;被,加于,及于。㉒格于上下:使上上下下得到纠正。㉓愚冥:指愚昧的人。㉔排:排斥;诋:指责。㉕彼中:指印度。㉖糜:通"靡",浪费,耗费。㉗殒越:形容惶恐、恐惧。

【赏读】

正德十年(1515),明武宗朱厚照听说乌斯藏(即今西藏)有僧人能知三生事,被称作活佛,派宦官刘允前去迎接。刘允要了数十万盐茶税利,带数千人马上路,他假托皇命,沿途骚扰,索求无度,飞扬跋扈,引来了一片激烈的反对声。大学士梁储等从明朝对西藏的政策、刘允讨盐引数万对国家制度的破坏,以及增加地方负担等为由上书反对。监察御史徐文化、礼部尚书毛纪等从地方凋敝,不堪再加负担为由反对迎活佛之举。可这些朝臣的进谏并未让迎活佛一事有所收敛。是年八月,王阳明以南京鸿胪寺卿之职入京考核,得知此事,写成《谏迎佛疏》。

在残暴的明王朝,臣子因进谏而获罪,比比皆是。十年前,武宗皇帝登基不久,王阳明就曾因为进谏而入狱、遭贬。这次上疏,王阳明当然更加小心谨慎。《孔子家语》曾将臣子的进谏区分为谲谏、戆谏、降谏、直谏、风(讽)谏这五类,《谏迎佛疏》可算是谲谏和讽谏的混合体,试图用旁敲侧击、委婉曲折的方式达到劝谏的目的。对于武宗的顽劣桀骜,王阳明已有领教,但为了引导皇帝向善,他耐心地发掘出了皇帝的行为动机。在谏疏的开头,阳明没有劈头盖脸地指责皇帝派人迎接活佛,反而为皇帝能这样做感到欣喜,因为这是皇帝圣智开启、善念萌发的标志,如果能让这份善念得到延续和扩充,那是天下人的福分。

接着,王阳明又为皇帝过去的种种荒唐行为开脱,他说皇帝偶尔追求享

乐、纵情骑射大概都是那些宫廷教师教学方法太过陈旧老套的缘故。也正是因为他们的教学不得法才让皇帝舍弃儒教而选择佛教。对个人而言,佛教能让人清心绝欲,保全性命;对天下而言,佛教慈悲普爱,济度众生,能让人们转苦恼为快乐。因此作者认为皇帝信仰佛教,是想一改过去的错误,立即回归到高明正大的善道上来。在对皇帝的美好意愿加以推导之后,王阳明将语意一转,指出皇帝信教要信其实而不可信其虚,要务求其本而不可舍本逐末。

文章分三层来比较儒学与佛教之异同,规劝皇帝不要舍近求远,舍本逐末。首先,佛与圣人的不同作用。"夫佛者,夷狄之圣人;圣人者,中国之佛也。在彼夷狄,则可用佛氏之教,以化导愚顽。在我中国,自当用圣人之道,以参赞化育。"王阳明在这里,并没有贬低佛教,而是强调佛教与圣人之学一样,都是有其特定域限的高明学问。这样,既肯定了佛教的价值,又间接告诉皇帝,在中国,佛教无法帮助华夏帝王治理天下。其次,佛祖与圣人年寿比较。佛经记载,释迦牟尼住世说法四十余年,在世八十二岁,虽可称高寿,但比之舜一百十岁,尧一百二十岁,又要差一些。最后,佛教与儒学传播效果比较。佛普度众生,而尧、舜为政清简,天下太平。虽然佛能方便说法,开悟群迷,但要殷切教诲,严格要求;尧、舜则不动而变,无为而成。在分析儒佛之异同时,王阳明不是站在儒学道统的立场上来指摘佛教的不是,他坦承自己也曾入教极深,而后再做客观比较。这样恳切的言辞当然更加有利于读者的接受。

通过这一番比较,王阳明本可以马上得出结论,求佛不如求诸圣人。但王阳明在此也宕开笔墨,谈起了世俗所信奉的诅咒变化等,王阳明正告皇帝,这些都是外道邪魔,正是佛所极力反对排斥的东西。王阳明的言外之意是,乌斯藏的活佛其实也是外道邪魔。当然,皇帝也可以反驳王阳明说,尧舜虽好,却是远古时的事,我求的是活佛。对此,王阳明说,尧舜确实不在了,但释迦牟尼也同样不在了。如果说佛教徒中有能传佛法的人在,中国之大,能传尧舜之法的也不乏其人,只要皇帝认真访寻,这样的人并不难找到。

我们需要注意的是,在进行儒佛异同比较时,阳明对于儒佛的源头都持肯定态度,而对二者的流变都流露出不满。孟子之后,儒学变得支离琐屑,逐渐沦为科举晋升之道具,身心之教不复存在。所以本文在引述儒家经典时多为《尚书》原典,至迟不晚于孔子,这里暗蕴了作者对于当下理教的不满。而佛教后来也蜕变成了靠"诅咒变幻和眩怪捏妖"来欺骗百姓的外道邪魔。而这"外道邪魔"所暗讽的正是西藏活佛。

文章最后又照应开篇所提出的话题,作者为皇帝善念的萌发感到欣喜,他希望皇帝能将这份善念扩充到天下社稷,让民生得到切实改善。如果当朝皇帝是于察纳雅言的明君,他应该能够听出阳明的弦外之音:改善民生的起点应该是不劳民伤财,而赴藏迎活佛不正是劳民伤财吗?

与梁储、徐文化、毛纪等人的奏疏相比,王阳明的这篇奏疏立意层次更高,言辞更为恳切。明代施邦曜称赞此文:"通篇不说佛家一字不好,是立意高处。"但可能一方面是考虑自己的身份地位不够,一方面是作者已经看透武宗皇帝的昏庸,《谏迎佛疏》一文最终没有上奏。

乞宽免税粮急救民困以弭①灾变疏

照得②正德十四年七月内,节③据吉安等一十三府所属庐陵等县各申,为旱灾事,开称本年自三月至于秋七月不雨,禾苗未及发生④,尽行枯死,夏税秋粮,无从办纳,人民愁叹,将及流离,申乞⑤转达宽免⑥等因到臣。节差官吏、老人踏勘⑦前项地方,委⑧自三月以来,雨泽不降,禾苗枯死。续⑨该宁王谋反,乘衅鼓乱⑩,传播伪命,优免租税。小人惟利是趋,汹汹思乱。臣因通行告示,许以奏闻优免税粮。谕⑪以臣子大义,申⑫祖宗休养生息之泽⑬,暴宁王诛求⑭无厌之恶,由是人心稍稍安集,背逆趋顺,老弱居守,丁壮出征,团保馈饷⑮,邑无遗户,家无遗夫。就使雨旸时若⑯,江西之民亦已废耕耘之业,事征战之苦;况军旅旱干,一时并作,虽富室大户,不免饥馑,下户小民,得无转死沟壑,流散四方乎?设或⑰饥寒所迫,征输所苦,人自为乱,将若之何?如蒙乞敕该部⑱暂将正德十四年分税粮通行优免,以救残伤之民,以防变乱之阶。伏望皇上罢冗员之俸,损不急之赏,止无名之征,节用省费,以足军国之需,天下幸甚。

缘由于本年七月三十日具题请旨,未奉明降⑲。

随蒙大驾亲征,京边官军前后数万,沓至并临,填城塞郭。百姓戍守锋镝之余,未及息肩弛担,又复救死扶伤,呻吟奔走,以给厮养⑳,以应诛求;妻孥㉑鬻㉒于草料,骨髓竭于征输㉓。当是之时,鸟惊鱼散,贫民老弱流离弃委沟壑;狡健者逃窜山泽,群聚为盗;独遗其稍有家业与良善守死者十之二三,又皆颠顿号呼于梃刃捶挞㉔之下。郡县官吏,咸赴省城与兵马住屯之所奔命听役,不复得亲民事。上下汹汹㉕,如驾漏船于风涛颠沛之中,惟惧覆溺之不暇,岂遑㉖复顾其他,为日后之虑,忧及税赋之不免,征科之未完乎!当是之时,虽臣等亦皆奔走道路,危疑仓皇,恐不能为小民请一旦之命,岂遑为岁月之虑,忧及赋税之不免,征课之未完,而暇为之复请乎!

若是者又数月,京边官军始将有旅归之期,而户部岁额之征㉒已下,漕运㉓交兑之文已促,督催之使,切责之檄,已交驰四集矣。流移之民闻官军之将去,稍稍胁息㉙延望,归寻其故业。足未入境,而颈已系于追求者㉚之手矣!夫荒旱极矣,而又因之以变乱;变乱极矣,而又竭之以师旅;师旅极矣,而又竭之以供馈,益之以诛求,亟㉛之以征敛。当是之时,有目者不忍睹,有耳者不忍闻,又从而胶㉜其膏血,有人心者而尚忍为之乎!

今远近军民号呼匍匐,诉告喧腾,求朝廷出帑藏㉝以赈济,久而未获,反有追征之令。哄然兴怨,谓臣等昔日蠲㉞赋之言为绐㉟已。窃相伤嗟,谓宸濠叛逆,独知优免租税以要㊱人心。我辈朝廷赤子,皆尝竭骨髓、出死力以勤国难,今困穷已极,独不蒙少加优恤,又从而追征之,将何以自全。是以令之而益不信,抚之而益愤愤,谕之而益呶呶㊲,甫怀收复之望,又为流徙之图。计穷势迫,匿而为奸,肆而为寇,两月以来,有司之以鼠窃警报者,月无虚日。无怪也,彼无家业衣食之资,无父母妻子之恋,而又旁有追呼之苦,上有捶剥之灾,自非礼义之士,孰肯闭口柖腹㊳,坐以待死乎?

今朝廷亦尝有宽恤之令矣,亦尝有赈济之典矣,然宽恤赈济,内无帑藏之发,外无官府之储,而徒使有司措置。措置者岂能神输而鬼运?必将取诸富民。今富民则又皆贫民矣!削贫以济贫,犹割心窝㊴肉以啖口,口未饱而身先毙。且又有侵克㊵之弊,又有渔猎之奸,民之赖以生者,不能什一,民之坐而死者,常十九矣。故宽恤之虚文,不若蠲租之实惠;赈济之难及,不若免租之易行。今不免租税,不息诛求,而徒曰宽恤赈济。是夺其口中之食,而曰:"吾将疗汝之饥";剖㊶其腹肾之肉,而曰:"吾将救汝之死。"凡有血气,皆将不信之矣。

夫户部以国计为官,漕运以转输为任,今岁额之催,交兑之促,皆其职之使然。但民者邦之本,邦本一摇,虽有粟,吾得而食诸?伏望皇上轸念㊷地方涂炭之余,小民困苦已极,思邦本之当固,虑祸变之可忧,乞敕该部速将正德十四、十五年该省钱粮悉行宽免;其南昌、南康、九江等府残破尤甚者,重加宽贷,使得渐回喘息,修复生理。非但解江西一省之倒悬㊸,臣等无地方变乱之祸,得免于诛戮,实天下之大幸,宗社之福也。

夫免江西一省之粮税,不过四十万石,今吝四十万石而不肯蠲,异时祸变卒起,即出数百万石,既已无救于难矣。此其形迹已见,事理甚明者。臣等上不能会计征敛以足国用,下不能建谋设策以济民穷,徒痛哭流涕,一言小民疾苦之状,惟陛下速将臣等黜归田里,早赐施行,以纾㊹祸变。

缘系宽免税粮,急救民困,以弭灾变事理,为此具本㊺请旨。

【注释】

①弭(mǐ)：停止，消除。②照得：查察而得。奏疏、公移开头用语。③节：王阳明时任江西巡抚，集地方军事、行政权力于一身，其职位相当于唐代的节度使。这里阳明以"节"自称，相当于"本官"、"鄙官"。下文"节差官吏"中的"节"用法同此。④发生：滋生，生长。⑤申乞：申请，请求。⑥宽免：从宽减免或赦免。⑦踏勘：到现场实地察看。⑧委：确实。⑨续：接着。⑩乘衅鼓乱：趁着祸端鼓动(民众)造反。⑪谕：告诉，使人知道。⑫申：陈述，说明。⑬泽：恩泽。⑭诛求：需索，强制征收。⑮团保：封建时代为使相互监督、担保而编组的民户；馈饷：运送粮饷。⑯就使雨旸时若：即使雨天和晴天的比例与平时一样(调匀)。⑰设或：假如，假设。⑱该部：这里指江西地方政府部门。⑲明降：特指皇帝的诏旨。⑳给厮养：为士兵和马匹提供后勤保障。㉑妻孥(nú)：妻子和子女的统称，同"妻小"。㉒鬻(yù)：使用。㉓征输：征收赋税输入官府。㉔捶挞(chuí tà)：杖击，鞭打。㉕汹汹：骚乱不宁。㉖岂遑复顾其他：哪里还有闲暇顾念别的事情。遑：闲暇。㉗岁额之征：当年征税的额度。㉘漕运：漕运是我国历史上一项重要的经济制度。用今天的话来说，它就是利用水道(河道和海道)调运粮食(主要是公粮)的一种专业运输。㉙胁息：敛缩气息。㉚追求者：这里指催逼赋税的人。㉛亟(jí)：急速。㉜朘(juān)：剥削。㉝帑藏(tǎng cáng)：亦作"帑臧"，即国库。㉞蠲(juān)：免除。㉟绐(dài)：通"诒"，欺骗；欺诈。㊱要(yāo)：求取。㊲呶(náo)呶：多言；喋喋不休。㊳枵(xiāo)腹：空腹，谓饥饿。㊴脔(luán)：小块肉。㊵侵克：侵害打击。㊶刳(kū)：挖，挖空。㊷轸(zhěn)念：悲痛地思念。㊸倒悬：比喻处境极端艰难。㊹纾(shū)：解除，排除。㊺本：奏疏。

【赏读】

北宋到明代这数百年间，江西是全国人口稠密、经济发达的地区之一。当时江西无论是人口总数、粮食产量，还是在科举考试中及第的人数，都列全国前三名。可明武宗晚期，受天灾、人祸的两重摧残，江西的经济社会发生了严重危机。明武宗正德十四、十五年，王阳明先是率兵平定朱宸濠叛乱，而后又被任命为江西巡抚，他一直在江西境内活动。看到江西接连遭受旱灾、兵灾，百姓困苦不堪，而朝廷对于赋税的征收又颇为急切，王阳明冒着丢掉乌纱帽乃至丢掉性命的危险上书朝廷，请求朝廷减免江西的赋税。

由文章第二段我们可以看出，王阳明在正德十四年七月三十日甫一平定朱宸濠之乱曾就此事上疏朝廷，可惜朝廷没有任何回复。第二年三月，因为朝

廷催缴赋税过急,他不得不补充事实再次上疏。

减免地方赋税,势必造成国库收入的减少,而且这类奏疏的成功还会引发其他省份的效仿。要让朝廷答应自己的请求,作者得列举足够多的事实依据。文章首段交代头年七月陆续接到省内十三府各县的减赋请求,自己派人去各地实地考察,发现灾情之重与地方的汇报完全相符。几个月间,江西先是发生罕见的旱灾,而后朱宸濠发动叛乱。为收买人心,朱宸濠散布谣言说自己事成之后会给江西免赋。迫于形势,王阳明不得不向百姓承诺朝廷也会给他们宽免赋税。如今江西的灾情非常严重,如果朝廷不予以重视,这里的百姓会流离失所、尸横遍野,也有发生起义、叛乱的可能。在如此陈述之后,作者简要提出宽免赋税的请求。

文章第一段的内容是作者头年七月《旱灾疏》内容的重申,第三段之后的内容是第二次上疏时补充的。正德十四年七月之后江西灾情进一步加剧,与武宗皇帝亲征不无关系。明武宗朱厚照在王阳明平定叛乱、活捉朱宸濠之后,置王阳明的《江西捷音疏》、《擒获宸濠捷音疏》于不顾,宣布率兵亲征。这场亲征闹剧给江西人民带来了更为深重的灾难。食不果腹的人民不得不为数万官兵、马匹提供给养,还得忍受这些兵痞的肆意蹂躏。老实一点的百姓只好忍饥挨饿,狡黠一些的百姓就落草为寇。原本危机四伏的江西此时差不就成了一个巨大的火药桶,一触即发。

总算等到官兵撤离了,户部每年的赋税额度又下来了,而且这次户部、漕运等部门催得特别急。本来江西一带的士兵、百姓都在强烈呼吁朝廷能从国库中拨一些银钱来赈灾,不成想盼来的不是赈灾款而是催粮令。民众的失望和怨怒与日俱增,有些民众甚至批评朝廷甚至还不如叛王朱宸濠。

对于江西各地的减赋请求,朝廷总用"使有司措置"这样的含糊字眼来对付。地方政府的"措置",无非是劫富济贫,可现在全江西差不多就找不出富户了,"劫富"从何谈起?作者指责朝廷既不肯拿出真金实银又不肯减免赋税的赈济之举,说它们是割腹肾之肉来救将死之人。这样的做法只会使朝廷失信于民。

在充分阐明减免赋税的理由之后,作者再次提出为江西减免两年赋税的请求。为促使朝廷尽快做出决定,王阳明还比较了此时赈灾与今后战乱之利弊。此时减免江西的赋税,朝廷只会损失四十万石的赋税,可如果江西真的发生兵变,那时几百万石也不一定平息得了的。阳明的这番话所言不虚,明武宗登基之后,因为不能承受日益沉重的赋税,抚州东乡、饶州万年、瑞州高安、赣州府、南昌靖安、广信贵溪等地纷纷出现农民占山为寇、攻略府城的事情。

王阳明的这封奏疏,条理清晰,言辞恳切。他继承了儒家民本思想,真正地想百姓之所想,为民代言。为了替民请命,他对皇帝亲征所带来的危害予以揭露,他对朝廷敷衍塞责的做法予以痛斥。正人君子的良知,士大夫的担当,正直官员的果敢,都呈现在这样一封奏疏中。阳明的许多奏疏都有这样一种人格力量在其中流淌。

　　数年之后,王阳明受命出征广西,经过江西南昌。当地百姓夹道欢迎他,而阳明最为牵挂的也是当地百姓的生活究竟有没有发生实质性的变化。阳明留下了这样一首诗作记载此事:南浦重来梦里行,当年锋镝尚心惊。旌旗不动山河影,鼓角犹传草木声。已喜闾阎多复业,独怜饥馑未宽征。迂疏何有甘棠惠,惭愧香灯父老迎。(《南浦道中》)

<h3 style="text-align:center">水灾自劾疏</h3>

十五年五月十五日

　　臣惟①有官守者,不得其职则去。受人之牛羊而为之牧者,求牧与刍②而不得,则反诸其人③。

　　臣以匪才,谬膺④江西巡抚之寄,今且数月,曾未能有分毫及民之政。而地方日以多故⑤,民日益困,财日益匮,灾变日兴,祸患日促。自春入夏,雨水连绵,江湖涨溢,经月⑥不退。自赣、吉、临、瑞、广、抚、南昌、九江、南康沿江诸郡,无不被害,黍苗沦没,室庐漂荡,鱼鳖之民聚栖于木杪⑦,商旅之舟经行于间巷,溃城决限,千里为壑,烟火断绝,惟闻哭声。询诸父老,皆谓数十年来所未有也。除行各该司府州县修省踏勘具奏外⑧。夫变不虚生,缘政而起,政不自弊,因官而作。官之失职,臣实其端,何所逃罪?

　　夫以江西之民,遭历宸濠之乱,脂膏已竭。而又因之以旱荒,继之以师旅,遂使丰稔连年,曲加赈恤⑨,尚恐生理⑩未易完复,今又重以非常之灾,危亟若此,当是之时,虽使稷、契为牧,周、召作监⑪,亦恐计未有措。况病废昏耄如臣之尤者,而畀⑫之怅然坐尸其间,譬使盲夫驾败舟于颠风巨海中,而责之以济险,不待智者,知其覆溺无所矣。又况部使之催征益急,意外之诛求未已。在昔,一方被灾,邻省尚有接济之望,今湖、湘连岁兵荒,闽、浙频年旱潦,两广之征剿未息,南畿⑬之供馈日穷,淮、徐以北,山东、河南之间,闻亦饥馑相属。由此言之,自全之策既无所施,而四邻之济又已绝望,悠悠苍天,谁任其咎!

　　静言⑭思究,臣罪实多!何者?

宸濠之变,臣在接境⑮,不能图于未形,致令猖突,震惊远迩,乃劳圣驾亲征,师徒暴于原野⑯,百姓殍于道路。朝廷之政令因而阏隔⑰,四方之困急由是日深。臣之大罪一也。徒避形迹之嫌,苟为自全之计,隐忍观望,幸而脱祸。不能直言极谏以悟主听,臣之大罪二也。徒以逢迎附和为忠,而不知日陷于有过;徒以变更迁就为权⑱,而不知日紊于旧章⑲;徒以掇拾罗织⑳为能,而不知日离天下之心;徒以聚敛征索为计,而不知日积小民之怨。此臣之大罪三也。上不能有裨于国,下不能有济于民,坐视困穷,沦胥㉑以溺,臣之大罪四也。且臣忧悸之余,百病交作,尪羸衰眊㉒,视息仅存。以前四者之罪,人臣有一于此,亦足以召灾而致变,况备而有之,其所以速天神之怒,深下民之愤,而致灾沴㉓之集,又何疑乎。

伏惟皇上轸灾恤变㉔,别选贤能,代臣巡抚。即以臣为显戮㉕,彰大罚于天下,臣虽陨首,亦云幸也。即不以之为显戮,削其禄秩㉖,黜还田里,以为人臣不职之戒;庶亦有位知警,民困可息,人怒可泄,天变可弭;而臣亦死无所憾。

【注释】
①惟:语气词,无义。②牧与刍:放牧与割草。③反诸其人:把牛羊返还给人家;反,通"返";诸,之于。④谬膺:谬,谦词;膺,接受重任,担当。⑤地方日以多故:江西当地的变故一天天多了起来。⑥经月:整月。⑦鱼鳖之民聚栖于木杪(miǎo):百姓像鱼鳖一样(随洪水漂荡),只能聚集在树梢栖息。⑧句意为:除了督促省内各府州县的官吏去实地勘察灾情之外。该句前后文疑有脱落。⑨曲加赈恤:特别优厚地赈济抚恤。⑩生理:指百姓的生计。⑪稷是后稷,传说他在舜时教人稼穑;契,传说是舜时掌管民治的大臣;周为周公旦,召即召公奭,两人周成王时共同辅政,分陕而治,皆有美政。⑫畀(bì):委任。⑬南畿:指南京。⑭言:助词,无实义。⑮接境:地界相连,交界。⑯意为让军队白白地在旷野奔波、厮杀。⑰阏(è)隔:堵塞,阻隔。⑱权:权宜、变通之策。⑲紊于旧章:破坏了原有的规章制度。⑳掇拾罗织:搜集罗织罪名。㉑沦胥:泛指沦陷、沦丧。㉒尪羸(wāng léi),指瘦弱之人;眊(mào),眼睛失神,看不清楚。㉓灾沴(lì):即灾害;沴,旧谓天地四时之气不和而生的灾害。㉔轸(zhěn)灾恤变:挂念灾情,抚恤灾变。㉕显戮:明正典刑,陈尸示众。㉖禄秩:官吏食禄的品级。

【赏读】
孔子曾告诫自己的弟子:"陈力就列,不能者止。"意思是说一名官员要对自己的能力和这一职位所要求的能力均有清醒的认识,如果觉得自己的能力不足以担当这一重任,要勇于从那诱人的位置上退下来。从表面上看,王阳明这封自劾疏是说自己的能力与江西巡抚这一职位不相匹配,无力救治水灾,无能济民之困,于是请求朝廷另选高明来接替自己。可透过字里行间,结合当时背景,我们又不难读出,王阳明真正想表达的是孔子也曾表达过的另一层意思:"危邦不入,乱邦不居;天下有道则现,无道则隐。邦有道,贫且贱焉,耻也;邦无道,富且贵焉,耻也。"

一年之内,王阳明两次上疏朝廷,请求朝廷对因旱灾、兵灾而陷入困窘的江西予以赈济,减免江西全省两年的赋税,朝廷对此没有明确的回复。与此同时,朝廷对王阳明本人以及跟着他一起平定宁王之乱的功臣大加迫害。阳明的弟子冀元亨被关入大牢,受尽折磨。阳明的战友吉安知府伍文定也被免职入狱。这让阳明再也没法平心静气、忍气吞声。他知道以个人的力量无法与这昏庸卑劣的王朝相对抗,他想用扛下一切罪名的方式来羞辱他的政敌,他想用反讽的修辞来揭露对手的卑劣。

奏疏开篇,简明扼要地陈述官员不称职就应该主动离任的观点,而后用一个比喻来予以阐释。官员担任某一官职就像牧人从主人手中接过需要放牧的牛羊,如果找不到草地放牧又不能割草来喂养,那就应该把牛羊归还给主人。这一比喻符合儒家的传统观念,又有一定新意,给原本平实严肃的奏疏添了一抹亮色。

接下来作者具体描述江西灾情之严重以及自己对灾情处置的无能为力。作者到任几个月以来,江西的情况越来越糟糕,"地方日以多故,民日益困,财日益匮,灾变日兴,祸患日促"。江西全境头一年已经遭受一场大旱、两次兵灾,而今全省各地又在遭受数十年难遇的水灾。而作为一省巡抚的王阳明,除了派人查实灾情向上汇报,似乎没有别的作为。"变不虚生,缘政而起,政不自弊,因官而作",作者把这所有天灾人祸之责任都揽到自己身上。

不仅西方作家爱用自相矛盾的方式来表达反讽意味,《春秋》《史记》等中国古典文献也常用自相矛盾的方式来表达反讽。本文二、三两段构成了极为明显的抵牾,第二段说江西灾情因自己处置不当而愈加严重,第三段则说面对当下的情况即使让后稷、契、周公、召公这样的圣贤来担当巡抚也无能为力,更别说像自己这样病体羸弱、昏庸笨拙之人。两相对照,江西之灾情到底是谁之过,不言自明。

如果说前文都还只算摆现象的话,接下来作者开始分析原因,总结自己的罪行了。作者说自己有四条罪状:一是没有将朱宸濠的叛乱扼杀于萌芽,导

致皇帝不得不亲征;二是没有冒死劝谏皇帝;三是逢迎附和,权变迁就,罗织罪名,聚敛财富;四是对国家危机、民众困苦坐视不管。对王阳明平定宁王之乱事件略有了解的读者不难从中读出明显的反讽意味。王阳明在得知朱宸濠叛乱之后第一时间向朝廷汇报,而后又用一己之力召集江西全省的兵力在短短35天内就平定叛乱,完全可算作将叛乱扼杀于萌芽状态。如果没有王阳明在关键时刻挺身而出,大明的江山此刻该会是怎样一种状况?武宗皇帝的亲征军队八月二十二日离开京城,第二天就接到了王阳明派人送来的捷报,而后阳明又多次上疏劝皇帝停止亲征,怎么能说没有冒死劝谏?王阳明立下大功,朝廷不但不予以嘉奖,反而罗织多项罪名欲置阳明于死地,到底是谁在罗织罪名,聚敛财富?王阳明对上忠于朝廷,对下关爱百姓,何曾像朝廷的那些高官一般尸位素餐?王阳明在奏疏中无中生有地给自己罗织四条罪名,正是为了回应张忠、许泰他们这批小人给自己罗织的罪名。原来,武宗皇帝亲征是为了到江南玩乐并彰显其文治武功。而张忠、许泰这些小人则把收拾王阳明作为此行的主要目的。出征路上,张忠、许泰给王阳明罗织了这么四条罪名:1.王阳明与朱宸濠有勾结的行为;2.王阳明假传圣旨,调动各处兵马;3.王阳明打乱了朝廷征伐宁王的计划;4.王阳明放纵属下,抢夺宁王府中财物。为了坐实这些罪名,张忠、许泰等人抓捕了平叛有功的冀元亨、伍文定,想让他们"供"出王阳明的罪行,可纵使遭到严刑逼供,冀元亨、伍文定自始至终没有说过一句不利于王阳明的话。王阳明临终前说自己"此心光明",不是虚言。

奏疏最后再次恳请皇上能够另选高明来接替自己,至于是用杀头还是革职的方式来处置自己,自己并不在乎。他所希望的是自己离职之后民困得到缓解,官怨得到发泄,天灾能够消除。

对于当时的政治环境而言,这样一封抗辞激烈的奏疏,其结果几乎等同于找死。所幸当时武宗皇帝忙于玩乐,没工夫搭理阳明,回京后不久,武宗死于伤寒,而张忠、许泰之流也被迅速铲除。

第六节　告谕公移赏读

南赣①乡约

咨尔民,昔人有言:"蓬生麻中,不扶而直;白沙在泥,不染而黑。"②民俗之善恶,岂不由于积习使然哉!往者新民③盖常弃其宗族,畔④其乡里,四出而为暴,岂独其性之异、其人之罪哉?亦由我有司治之无道,教之无方。尔父老子弟所以训诲戒饬于家庭者不早,薰陶渐染于里闬⑤者无素,诱掖奖劝之不行,连属叶和⑥之无具,又或愤怨相激,狡伪相残,故遂使之靡然日流于恶,则我有司与尔父老子弟皆宜分受其责。呜呼!往者不可及,来者犹可追。⑦故今特为乡约,以协和尔民,自今凡尔同约之民,皆宜孝尔父母,敬尔兄长,教训尔子孙,和顺尔乡里,死丧相助,患难相恤,善相劝勉,恶相告戒,息讼罢争,讲信修睦,务为良善之民,共成仁厚之俗。呜呼!人虽至愚,责人则明;虽有聪明,责己则昏。⑧尔等父老子弟毋念新民之旧恶而不与其善,彼一念而善,即善人矣;毋自恃为良民而不修其身,尔一念而恶,即恶人矣;人之善恶,由于一念之间,尔等慎思吾言,毋忽!

一,同约中推年高有德为众所敬服者一人为约长,二人为约副,又推公直果断者四人为约正,通达明察者四人为约史,精健廉干者四人为知约,礼仪习熟者二人为约赞。置文簿三扇:其一扇备写同约姓名,及日逐出入所为,知约司之;其二扇一书彰善,一书纠过,约长司之。

一,同约之人每一会,人出银三分,送知约,具饮食,毋大奢,取免饥渴而已。

一,会期以月之望,若有疾病事故不及赴者,许先期遣人告知约;无故不赴者,以过恶书,仍罚银一两公用。

一,立约所于道里均平之处,择寺观宽大者为之。一彰善者,其辞显而决,纠过者,其辞隐而婉;亦忠厚之道也。如有人不弟,毋直曰不弟,但云闻某于事兄敬长之礼,颇有未尽;某未敢以为信,姑案之以俟;凡纠过恶皆例此。若有难改之恶,且勿纠,使无所容,或激而遂肆其恶矣。约长副等,须先期阴与之言,使当自首,众共诱掖奖劝之,以兴其善念,姑使书之,使其可改;若不能改,然后纠而书之;又不能改,然后白之官;又不能改,同约之人执送之官,明正其罪;势不能执,戮力协谋官府请兵灭之。

一,通约之人,凡有危疑难处之事,皆须约长会同约之人与之裁处区画,必当于理济于事而后已;不得坐视推托,陷入于恶,罪坐约长约正诸人。

一,寄庄⑨人户,多于纳粮当差之时躲回原籍,往往负累⑩同甲;今后约长等劝令及期完纳应承,如蹈前弊,告官惩治,削去寄庄。

一,本地大户,异境客商,放债收息,合依常例,毋得磊算⑪;或有贫难不能偿者,亦宜以理量宽;有等不仁之徒,辄便捉锁磊取,挟写田地,致令穷民无告,去而为之盗。今后有此告,诸约长等与之明白,偿不及数者,劝令宽舍;取

已过数者,力与追还;如或恃强不听,率同约之人鸣之官司。

一,亲族乡邻,往往有因小忿投贼复仇,残害良善,酿成大患;今后一应门殴不平之事,鸣之约长等公论是非;或约长闻之,即与晓谕解释;敢有仍前妄为者,率诸同约呈官诛殄⑫。

一,军民人等若有阳为良善,阴通贼情,贩买牛马,走传消息,归利一己,殃及万民者,约长等率同约诸人指实劝戒,不悛⑬,呈官究治。

一,吏书、义民、总甲、里老、百长、弓兵、机快人等若揽差下乡,索求赍发⑭者,约长率同呈官追究。

一,各寨居民,昔被新民之害,诚不忍言;但今既许其自新,所占田产,已令退还,毋得再怀前仇,致扰地方,约长等常宜晓谕,令各守本分,有不听者,呈官治罪。

一,投招新民,因尔一念之善,贷⑮尔之罪;当痛自克责,改过自新,勤耕勤织,平买平卖,思同良民,无以前日名目,甘心下流,自取灭绝;约长等各宜时时提撕⑯晓谕,如踵前非者,呈官征治。

一,男女长成,各宜及时嫁娶;往往女家责聘礼不充,男家责嫁妆不丰,遂致愆期⑰;约长等其各省谕诸人,自今其称家之有无,随时婚嫁。

一,父母丧葬,衣衾棺椁,但尽诚孝,称家有无而行;此外或大作佛事,或盛设宴乐,倾家费财,俱于死者无益;约长等其各省谕约内之人,一遵礼制;有仍蹈前非者,即与纠恶簿内书以不孝。

一,当会前一日,知约预于约所洒扫张具于堂,设告谕牌及香案南向。当会日,同约毕至,约赞鸣鼓三,众皆诣⑱香案前序立,北面跪听约正读告谕毕;约长合众扬言曰:"自今以后,凡我同约之人,祗奉⑲戒谕,齐心合德,同归于善;若有二三其心,阳善阴恶者,神明诛殛⑳。"众皆曰:"若有二三其心,阳善阴恶者,神明诛殛。"皆再拜,兴㉑,以次出会所,分东西立,约正读乡约毕,大声曰:"凡我同盟,务遵乡约。"众皆曰:"是。"乃东西交拜。兴,各以次就位,少者各酌酒于长者三行,知约起,设彰善位于堂上,南向置笔砚,陈彰善簿;约赞鸣鼓三,众皆起,约赞唱:"请举善!"众曰:"是在约史。"约史出就彰善位,扬言曰:"某有某善,某能改某过,请书之,以为同约劝。"约正遍质于众曰:"如何?"众曰:"约史举甚当!"约正乃揖善者进彰善位,东西立,约史复谓众曰:"某所举止是,请各举所知!"众有所知即举,无则曰:"约史所举是矣!"约长副正皆出就彰善位,约史书簿毕,约长举杯扬言曰:"某能为某善,某能改某过,是能修其身也;某能使某族人为某善,改某过,是能齐其家也;使人人若此,风俗焉有不厚?凡我同约,当取以为法!"遂属于其善者;善者亦酌酒酬约长曰:"此岂足为善,乃劳长者过奖,某诚惶怍,敢不益加砥砺,期无负长者之教。"皆饮毕,再拜会约长,约长答拜,兴,各就位,知约撤彰善之席,酒复三行,知约起,设纠过位于阶下,北向置笔砚,陈纠过簿;约赞鸣鼓三,众皆起,约赞唱:"请纠过!"众曰:"是在约史。"约史就纠过位,扬言曰:"闻某有某过,未敢以为然,姑书之,以俟后图,如何?"约正遍质于众曰:"如何?"众皆曰:"约史必有见。"约正乃揖过者出就纠过位,北向立,约史复遍谓众曰:"某所闻止是,请各言所闻!"众有闻即言,无则曰:"约史所闻是矣!"于是约长副正皆出纠过位,东西立,约史书簿毕,约长谓过者曰:"虽然姑无行罚,惟速改!"过者跪请曰:"某敢不服罪!"自起酌酒跪而饮曰:"敢不速改,重为长者忧!"约正、副、史皆曰:"某等不能早劝谕,使子陷于此,亦安得无罪!"皆酌自罚。过者复跪而请曰:"某既知罪,长者又自以为罚,某敢不即就戮,若许其得以自改,则请长者无饮,某之幸也!"趋②后酌酒自罚。约正副咸曰:"子能勇于受责如此,是能迁于善也,某等亦可免于罪矣!"乃释爵③。过者再拜,约长揖之,兴,各就位,知约撤纠过席,酒复二行,遂饭。饭毕,约赞起,鸣鼓三,唱:"申戒!"众起,约正中堂立,扬言曰:"呜呼!凡我同约之人,明听申戒,人孰无善,亦孰无恶;为善虽人不知,积之既久,自然善积而不可掩;为恶若不知改,积之既久,必至恶积而不可赦。今有善而为人所彰,固可喜;苟遂以为善而自恃,将日入于恶矣!有恶而为人所纠,固可愧;苟能悔其恶而自改,将日进于善矣!然则今日之善者,未可自恃以为善;而今日之恶者,亦岂遂终于恶哉?凡我同约之人,盍共勉之!"众重曰:"敢不勉。"乃出席,以次东西序立,交拜,兴,遂退。

【注释】

①明代江西南赣地区包括南安、赣州两个地方,地理位置为今天江西省南部地区;南赣地区层峦叠嶂,地广人稀。当时的南安府辖有大庾、南康、上犹、崇义四县,赣州府辖有赣县、雩都、信丰、兴国、会昌、安远、宁都、瑞金、龙南、石城、定南、长宁十二县。②出自《荀子·劝学》,原句为:"蓬生麻中,不扶而直,白沙在涅,与之俱黑。"比喻生活在好的环境里,得到健康成长;好的人或物处在污秽环境里,也会随着污秽环境而变坏。③新民:这里特指王阳明平定南赣地区山民起义之后由山匪重新回归农民身份的一群人。④畔:通"叛"。⑤里闬(hàn):乡里。⑥连属(zhǔ)叶(yè)和:指乡民能团结一体,和谐相处。连属:结合;叶和:和睦,和谐。⑦出自《论语·薇子》,原句为:"往者不可谏,来者犹可追。"意为:过去的不能挽回弥补,未来的还是能赶得上的,要努力争取。⑧

出自《宋史·范纯仁传》,范纯仁为范仲淹之次子。⑨寄庄:地主为逃避赋役而采用易地易名办法设置的田庄。他们或是把田庄设置在外地,以逃避本籍赋役;或是借用外地官僚的名义,在本地设置田庄,这就是所谓的寄庄。⑩负累(lěi):连累。⑪磊算:重复计算。⑫诛殄(tiǎn):诛灭。⑬悛(quān):悔改,改变。⑭赍(jī)发:指财物资助。⑮贷:宽恕,饶恕。⑯提撕:拉扯,提携。⑰愆(qiān)期:失约,误期。⑱诣:到。⑲祗(zhī)奉:敬奉。⑳诛殛(jí):诛杀。㉑兴:起来。㉒趋(qū):同"趋",小步疾走。㉓释爵:放下酒器。

【赏读】

　　正德十一年(1516),王阳明升任都察院左佥都御史,同时担任南安、赣州、漳州、汀州地区的巡抚。朝廷突然对久居闲职的王阳明委以重任,是因为这一地区山民暴动不断,难以平定。在充分研究各地的义军之后,王阳明采取"剿抚并用、恩威并施"的措施,在较短时间内抚平南、赣地区。平乱之后,王阳明没有陶醉于军事上的胜利,开始反思如何从思想上转化那些由匪归农的"新民",希望借助乡治计划维护南赣地区的长治久安。王阳明的乡治计划主要由三个部分组成,一是推行"十家牌法"等户籍管理制度,约束乡民的任意流动,防止民寇互通;二是举办社学,提高当地教育水准,教化下一代;三是制定和推行《南赣乡约》。

　　《南赣乡约》是王阳明在北宋蓝田"四吕"(大忠、大防、大钧、大临)兄弟之《蓝田吕氏乡约》的基础上结合自己的心学思想与南赣当地实际情况制定的,于正德十三年(1518)十月颁布施行。

　　约文可分为两大部分。其中前半部分是谕民公告,旨在分析乡里不治的原因,阐述举办乡约的指导思想、目的和意义。"南赣乡约"虽由官方颁布,却不用居高临下训导民众之口吻。"往者新民盖常弃其宗族,畔其乡里,四出而为暴,岂独其性之异、其人之罪哉?亦由我有司治之无道,教之无方。"对于那些离弃宗族、背叛乡里、占山抢夺的匪徒,王阳明坦陈政府部门和父老子弟都有不可推卸之责。同时,王阳明指出人的善恶都在一念之间,因而举乡约就是要通过修身,使民众心存善念,用善念待人处事,而最终成为善良之民,共成仁厚之俗。我们要注意到,王阳明在这告谕中所传达的思想是与他的心学主张一脉相承的,是对知行合一的具体运用。《传习录》中有关善恶变化的理论,如今用来指导乡人弃恶从善:"今人学问,只因知行分作两件,故有一念发动。虽有不善,然却未曾行,便不去禁止。我今说个知行合一,正要人晓得一念发动处,便是行了。发动处有不善,就将这不善的念克倒了,须要彻根彻底,不使一念不善潜伏在胸中,此是我立言宗旨。"王阳明不同于普通读书人的地方,就在于他能够将儒学理论与社会现实完美地结合起来。

约文的后半部分才是乡约正文,共十六条。这十六条约文阐述了乡约组织的职能、活动方式、集会程序以及乡民义务,甚至细化到职务和文簿的设置等问题,并涉及一些诸如婚丧嫁娶等社会风俗方面的规定。约文的大意又可以归纳为四个方面:1.约中主事出于约众之推选;2.约众赴会为不可规避之义务;3.约长会同约众得调解民事纠纷;4.约长于集会时询约众之公意以彰善纠过。王阳明深知,南赣地区社会治安不靖的深层原因就在于国家赋役沉重,以致很多民众生活艰难被逼为盗。要转化这些乡民,政府和乡里在面子上和里子上都要做足工作,一是经济上不要催逼过甚,二是惩恶扬善之时要顾及他们的面子,三是要从个体看到那些新民的进步,要发掘他们的闪光点。十六条约文之中有许多细节的规定其实是为了给新民融入乡里留足空间。

《南赣乡约》以极强的针对性,简单明了的程序,为乡村自治作了设计,描绘出了一幅乡村自治的和谐图画。这幅乌托邦式的基层社会图景由这么几个层级构成:1.道德品质高尚,为基层民众认可的乡村领袖人物;2.道德品质很好,有相应的管理能力,能够协助乡村领袖处理乡村事物的乡村精英;3.积极向善的普通民众;4.偶尔犯错误的普通民众;5.知错不改,错误越犯越大的个别恶人;6.基层社会之后,有力量强大、保障基层社会和谐稳定的官府。"乡约"不仅为基层社会各个层次的人员制定了道德和行为规范,还鼓励六个层级中的所有乡民参与乡约事务,让他们在乡约活动中获得身份认同,成功实现了乡民"身份—角色"的转换,增强了乡民对于乡里的认同感与归属感。

《南赣乡约》的颁布和施行,对维护南赣乡村社会的风俗和基层秩序的稳定发挥了重要作用。瑞金县"近被政教,甄陶稍识,礼度趋正,休风日有渐矣。习欲之交,存乎其人也",大庾县"俗尚朴淳,事简民怡,为先贤过化之邦,有中州清淑之气"。在王阳明的推行和影响之下,明清两代重视乡约的人越来越多,乡约运动也从南赣地区扩展至全国,为稳定封建统治和政治秩序起到很大的促进作用,成为"推行乡约教化的代表和典范"。

告谕浰头[①]巢贼

正德十二年五月

本院[②]巡抚是方,专以弭盗安民为职。莅任[③]之始,即闻尔等积年[④]流劫乡

村,杀害良善,民之被害来告者,月无虚日。本欲即调大兵剿除尔等,随往福建督征漳寇,意待回军之日剿荡巢穴。后因漳寇即平,纪验斩获功次⑤七千六百有余,审知当时倡恶之贼不过四五十人,党恶之徒不过四千余众,其余多系一时被胁,不觉惨然兴哀。因念尔等巢穴之内,亦岂无胁从⑥之人。况闻尔等亦多大家子弟,其间固有识达事势,颇知义理者。自吾至此,未尝遣一人抚谕尔等,岂可遽尔兴师剪灭;是亦近于不教而杀,异日吾终有憾于心。故今特遣人告谕尔等,勿自谓兵力之强,更有兵力强者,勿自谓巢穴之险,更有巢穴险者,今皆悉已诛灭无存。尔等岂不闻见?

夫人情之所共耻者,莫过于身被盗贼之名;人心之所共愤者,莫甚于身遭劫掠之苦。今使有人骂尔等为盗,尔必怫然⑦而怒。尔等岂可心恶其名而身蹈其实?又使有人焚尔室庐,劫尔财货,掠尔妻女,尔必怀恨切骨,宁死必报。尔等以是加人,人其有不怨者乎?人同此心,尔宁独不知;乃必欲为此,其间想亦有不得已者,或是为官府所迫,或是为大户所侵,一时错起念头,误入其中,后遂不敢出。此等苦情,亦甚可悯。然亦皆由尔等悔悟不切。尔等当初去从贼时,乃是生人寻死路,尚且要去便去;今欲改行从善,乃是死人求生路,乃反不敢,何也?若尔等肯如当初去从贼时,拼死出来,求要改行从善,我官府岂有必要杀汝之理?尔等久习恶毒,忍于杀人,心多猜疑。岂知我上人之心,无故杀一鸡犬,尚且不忍;况于人命关天,若轻易杀之,冥冥之中,断有还报,殃祸及于子孙,何苦而必欲为此?我每为尔等思念及此,辄至于终夜不能安寝,亦无非欲为尔等寻一生路。惟是尔等冥顽不化,然后不得已而兴兵,此则非我杀之,乃天杀之也。今谓我全无杀尔之心,亦是诳尔;若谓我必欲杀尔,又非吾之本心。尔等今虽从恶,其始同是朝廷赤子;譬如一父母同生十子,八人为善,二人背逆,要害八人;父母之心须除去二人,然后八人得以安生;均之为子,父母之心何故必欲偏杀二子,不得已也;吾于尔等,亦正如此。若此二子者一旦悔恶迁善,号泣投诚,为父母者亦必哀悯而收之。何者?不忍杀其子者,乃父母之本心也;今得遂其本心,何喜何幸如之;吾于尔等,亦正如此。

闻尔等辛苦为贼,所得苦亦不多,其间尚有衣食不充者。何不以尔为贼之勤苦精力,而用之于耕农,运之于商贾,可以坐致饶富而安享逸乐,放心纵意,游观城市之中,优游田野之内。岂如今日,担惊受怕,出则畏官避仇,入则防诛惧剿,潜形遁迹,忧苦终身;卒之身灭家破,妻子戮辱,亦有何好?尔等好自思量,若能听吾言改行从善,吾即视尔为良民,抚尔如赤子,更不追咎尔等既往之罪。如叶芳、梅南春、王受、谢钺辈,吾今只与良民一概看待,尔等岂不闻知?

尔等若习性已成,难更改动,亦由尔等任意为之;吾南调两广之狼达⑧,西调湖、湘之土兵,亲率大军围尔巢穴,一年不尽至于两年,两年不尽至于三年。尔之财力有限,吾之兵粮无穷,纵尔等皆为有翼之虎,谅亦不能逃于天地之外。

  呜呼!吾岂好杀尔等哉?尔等若必欲害吾良民,使吾民寒无衣,饥无食,居无庐,耕无牛,父母死亡,妻子离散;吾欲使吾民避尔,则田业被尔等所侵夺,已无可避之地;欲使吾民贿尔,则家资为尔等所掳掠,已无可贿之财;就使尔等今为我谋,亦必须尽杀尔等而后可。吾今特遣人抚谕尔等,赐尔等牛酒银两布匹,与尔妻子,其余人多不能通及,各与晓谕一道。尔等好自为谋,吾言已无不尽,吾心已无不尽。如此而尔等不听,非我负尔,乃尔负我,我则可以无憾矣。呜呼!民吾同胞,尔等皆吾赤子,吾终不能抚恤尔等而至于杀尔,痛哉痛哉!兴言至此,不觉泪下。

【注释】

  ①浰(liàn)头:位于广东省和平县境内,属于九连山区。②指都察院,王阳明时任都察院左佥都御史,巡抚南赣、汀、漳等处。③莅任:官员到职。④积年:历年,多年。⑤功次:指功绩的大小、官阶升迁的先后顺序。⑥胁从:被胁迫而随从别人做坏事。⑦怫(fú)然:生气的样子。⑧狼达:即狼兵,专指广西出身之战斗人员,此类人不隶军籍,彪悍武勇,战绩不俗。

【赏读】

  这封告谕是王阳明在攻打浰头山贼前递投到敌营之中以瓦解对方军心,劝慰胁从者主动投诚的檄文。作者的双重身份决定了本文写作的双重目的。作为地方长官,作者对于当地民众爱抚有加,因此本文主要写作目的在于规劝民众弃恶从善,避免剿匪战役给胁从者带来更大的伤亡。但作为一名军事领袖,王阳明深知兵不厌诈,本文所写内容亦虚亦实,不乏恐吓、麻痹对手的成分。

  首段概述自己福建剿匪的战功,能起到震慑对手的作用。在平定福建横水、桶冈叛乱的战役中,政府军总共斩获匪徒七千余人,可这些人中,带头为乱的不过几十个人,他们的党羽也不过四千人,其余都是被迫跟随他们作乱的。表面来看,作者因为同情这些胁从者而发布这告谕,就实际效果而言,这段文字又有力彰显了政府军的强大,让山贼们不战而心生畏惧。

  接下来作者分析山贼弃善从恶的原因,并指出他们的错误所在。作者设身处地,点明许多人都是迫于具体的困境而落草为寇。原先你们是因为政府

的催逼或大户的欺压而由民转匪,成为了你们自己本来所憎恶的匪徒;如今,我给你们机会,让你们扔下刀枪,捡回犁锄,重新成为良民。只要你们肯弃恶为善,政府绝不滥杀无辜。但如果你们怙恶不悛,那么为了保护大多数民众的利益,为了维护王朝的稳定,我们只好大开杀戒。这里,作者是用儒家"推己及人"的理论来教化山贼,考虑到他们的文化程度,作者刻意杜绝经典,只以大白话晓之以理,动之以情,反而能起到更好的说服效果。

对山贼而言,讲理只能让他们心动,言利方能让他们行动。作者引导山贼比较占山为寇所得之利与风险名誉方面的弊端,再将他们现如今的生活与那些已经投诚为良民的人的生活加以比较,得出占山为寇不如回乡务农的结论。作者特意向他们宣告自己已经调来两广狼兵和湖湘土兵前来协助剿匪。这两支军队的加盟会让政府军愈加强大,浰头的匪徒如今已难逃被剿灭的命运。檄文的最佳效果当然是让对手不战而败,主动投降,但如果能让敌军畏惧、心生犹豫,也就基本达到目的。

最后一段,作者先用大段文字宣告浰头山贼给南赣一带民众带来的危害,重申自己保障民众利益、铲除匪徒的决心。而后又向山贼介绍政府招安的政策方案,只要你们此时肯于主动投诚,政府会给予你们一定的物质补助,而如果一味顽抗,等待你们的只有被剿灭的命运。

王阳明这封告谕令人感动的地方不只在于他愿意与山贼推心置腹地说理,更在于他愿意"蹲下来"与山贼们交谈。王阳明深知山贼们文化水平不高,这封告谕所运用的都是最常见的字眼,最为明白晓畅的语句。王阳明散文的语言艺术也可由此窥见一斑。

本文语言平易,而结构颇具章法。文章四个段落层次不断推进,又成首尾照应之势。作者在分析利弊时能于正反两面各举实例以增强说服力。为杜绝盗贼的幻想,他又特别强调本次战役不同以往:一是政府剿匪的决心特别强,二是粮草及军事准备特别充分,三是调遣狼兵之后政府军的战斗能力极强。作为一名心学大师,王阳明在两军作战之时非常善于揣度对手的心理,从心理上击溃对手,从而达到"不战而屈人之兵"的效果。这封告谕不仅让三浰盗贼军心涣散,还促使卢珂和黄金巢这两位山寨头目前来投诚,他们两人后来在王阳明对付浰头盗贼首领池仲容的过程中发挥了重要作用。

第七节　其他优秀篇章荐读

大学古本序

《大学》之要,诚意而已矣。诚意之功,格物而已矣。诚意之极,止至善而已矣。止至善之则,致知而已矣。正心,复其体也;修身,著其用也。以言乎己,谓之明德;以言乎人,谓之亲民;以言乎天地之间,则备矣。

是故至善也者,心之本体也。动而后有不善,而本体之知,未尝不知也。意者,其动也。物者,其事也。致其本体之知,而动无不善。然非即其事而格之,则亦无以致其知。故致知者,诚意之本也;格物者,致知之实也。物格则知致意诚,而有以复其本体,是之谓止至善。

圣人惧人之求之于外也,而反复其辞,旧本析而圣人之意亡矣。是故不务于诚意而徒以格物者,谓之支;不事于格物而徒以诚意者,谓之虚;不本于致知而徒以格物诚意者,谓之妄。支与虚与妄,其于至善也远矣。合之以敬而益缀,补之以传而益离。吾惧学之日远于至善也,去分章而复旧本,傍为之释,以引其义。庶几复见圣人之心,而求之者有其要。噫!乃若致知,则存乎心;悟致知焉,尽矣。

思归轩赋

阳明子之官于虔也,廨之后乔木蔚然。退食而望,若处深麓而游于其乡之园也。构轩其下,而名之曰"思归"焉。

门人相谓曰:"归乎!夫子之役役于兵革,而没没于徽缠也,而靡寒暑焉,而靡昏朝焉,而发萧萧焉,而色焦焦焉。虽其心之固嚣嚣也,而不免于呶呶焉,哓哓焉,亦奚为乎!槁中竭外,而徒以劳劳焉为乎哉?且长谷之迢迢也,穷林之寥寥也,而耕焉,而樵焉,亦焉往而弗宜矣。夫退身以全节,大知也;敛德以亨道,大时也;怡神养性以游于造物,大熙也,又夫子之夙期也。而今日之归,又奚以思为乎哉?"则又相谓曰:"夫子之思归也,其亦在陈之怀欤?吾党之小子,其狂且简,佽佽然若瞽之无与偕也,非吾夫子之归,孰从而裁之乎?"则又相谓曰:"嗟呼,夫子而得其归也,斯土之人为失其归矣乎!天下之大也,而皆若是焉,其谁与为理乎?虽然,夫子而得其归也,而后得于道。惟夫天下之不得于道也,故若是其贸贸。夫道得而志全,志全而化理,化理而人安。则夫斯人之徒,

亦未始为不得其归也。而今日之归又奚疑乎？而奚以思为乎？"

阳明子闻之，怃然而叹曰：吾思乎！吾思乎！吾亲老矣，而暇以他为乎？虽然，之言也，其始也，吾私焉；其次也，吾资焉；又其次也，吾几焉。乃援琴而歌之。歌曰：

归兮归兮，又奚疑兮！吾行日非兮，吾亲日衰兮；胡不然兮，日思予旋兮；后悔可迟兮？归兮归兮，二三子之言兮！

上海日翁书

寓吉安男王守仁百拜书上父亲大人膝下：

江省之变，昨遣来隆归报，大略想已如此。时宁王尚留省城，未敢远出，盖虑男之捣其虚，蹑其后也。男处所调兵亦稍稍聚集，忠义之风日以奋扬，观天道人事，此贼不久断成擒矣。昨彼遣人赍檄至，欲遂斩其使，奈赍檄人乃参政季斅，此人平日善士，又其势亦出于不得已，姑免其死，械击之。已发兵至丰城诸处分布，相机而动。所虑京师遥远，一时题奏无由即达。命将出师，缓不及事，为可忧尔。男之欲归已非一日，急急图此已两年，今竟陷身于难。人臣之义至此，岂复容苟逃幸脱！惟俟命师之至，然后敢申前恳。俟事势稍定，然后敢决意驰归尔。伏望大人陪万保爱，诸弟必能勉尽孝养，旦暮切勿以不孝男为念。天苟悯男一念血诚，得全首领，归拜膝下，当必有日矣。因闻巡检便，草此。临书慌愦，不知所云。七月初二日。

附录一

绍兴莲花落《王阳明》

程载国　作词

吴一笑　编曲、演唱

明朝有个王阳明，
地地道道余姚人。
文武佛道样样通，
世世代代传美名。

阳明屋里瑞云楼，
龙泉山脚姚江头。
其拉爷，教书匠，
其拉爹，状元郎，
吃喝用度好弗愁。
小辰光，书弗读，
练武学道花头透。
其拉爹，急死兮；
其拉爷，来帮其。
其自个，夸海口，
不做圣贤是寿头。
不做圣贤是寿头。

十五岁，瞒爹娘，
一跄跄到长城脚，
骑马射箭打人阵（打架）。

十七岁，讨老婆，
洞房花烛不见人。
十八岁，格竹子，
七日七夜扮呆神。
考举人，蛮轻松，
中进士，三进宫。

当大官，不指望。
发大财，没心想。
三日两头请病假，
阳明洞里静修养。
领导道其蛮灵光，
大事小体常帮忙。

有个太监叫刘瑾，
坏事做尽整人精。
大官小吏全怕其，
一句索话胜九鼎。
王阳明，不怕鬼，
上书皇帝批刘瑾。
朝堂高头吃大棍，

死去活来捡条命。

一朝贬到贵州去,
三年苦头吃得足。
龙场驿,没房屋,
掘野菜,没稻谷。
夜到头,睏不着,
抱牢枕头就想哭。
东忖忖,西忖忖,
噶(这)忖忖,几(那)忖忖,
忖出个,知行合一百病除,
忖出个,知行合一百病除。

王阳明,瘦精精,
感冒咳嗽成毛病。
因为伊是读书人,
为啥要伊去带兵。
主要脑子特别灵,
话得出来奇煞人。
江西福建闹土匪,
作恶多端惊朝廷。
兵部出兵摆弗平,
半路请来王阳明。
阳明一战贼首擒,
阳明再战定乾坤,
阳明三战匪窝清,
朝廷上下都震惊。
南昌宁王朱宸濠,
想当皇帝也起兵。
兵强马壮无运道,
好巧碰着王阳明。

阳明寻到伍文定,
拼凑两万州府兵。
声东击西壮声势,
廿日辰光都摆平。
朝廷封他新建伯,
后代都是富贵人。
广西土司话不听,
朝廷再寻王阳明。
阳明到任不动兵,
调整政策讲感情。
土司听听道理深,
放落刀枪听命令。
阳明道,人人呒几(都是)爷娘生,
滥杀无辜渎神灵。
阳明道,人人呒几(都是)爷娘生,
滥杀无辜渎神灵。

说阳明,道阳明,
阳明也是普通人。
人人都有良知在,
个个都凭良知行。
少年人,学阳明,
读书上进求功名。
中年人,学阳明,
做人做事凭良心。
老年人,学阳明,
教育后代顶要紧。
阳明精神永不朽,
阳明心学千秋行。
阳明精神永不朽,
阳明心学千秋行。

附录二

王阳明年谱简编

1472年　壬辰　宪宗成化八年九月三十日亥时（公历1472年10月31日晚上十点左右），出生于浙江省余姚县龙泉山北麓之瑞云楼。祖母岑氏梦神人云中授儿,故名云。

1476年　丙申　成化十二年,五岁。五岁不言,更名为守仁,始言,即诵祖父王伦所读之书。

1482年　壬寅　成化十八年,十一岁,随父亲王华(新状元)寓京师。

1488年　戊申　孝宗弘治元年,十七岁,回余姚,与诸氏完婚于江西南昌。诸氏,余姚人,时诸公为江西布政司参议。

1489年　己酉　弘治二年,十八岁,偕夫人回余姚。谒娄一谅,受益"圣人必可学而至"之教。一改活泼性格,严肃求成圣人,格竹失败。

1492年　壬子　弘治五年,二十一岁,举浙江乡试。明年,会试下第,归余姚,结龙泉诗社,对弈联诗。

1497年　丁巳　弘治十年,二十六岁,寓京师,苦学诸家兵法。

1499年　己未　弘治十二年,二十八岁,举进士出身,二甲第七,观政工部。与"七子"唱和,是所谓泛滥词章时期。

1500年　庚申　弘治十三年,二十九岁,在京师,授刑部云南清吏司主事。到直隶、淮安审决积案重囚。游九华山,出入佛寺道观。

1502年　壬戌　弘治十五年,三十一岁,告病归绍兴,筑室阳明洞天,静坐行导引术,能先知,后因其簸弄精神,不能成圣,摒去。

1504年　甲子　弘治十七年,三十三岁,在京师。秋,主考山东乡试。九月,改兵部武选清吏司主事。

1505年　乙丑　弘治十八年,三十四岁,开门授徒,与湛若水定交。

1506年　丙寅　武宗正德元年,三十五岁,上疏为戴铣辩冤,下诏狱,廷

杖四十,既绝复苏,谪贵州龙场驿驿丞。

  1507年 丁卯 正德二年,三十六岁,赴谪至钱塘,过武夷山,回越城。

  1508年 戊辰 正德三年,三十七岁,至龙场。大悟格物致知之旨,史称"龙场悟道"。

  1509年 己巳 正德四年,三十八岁,在贵阳,受提学副使习书聘请主讲文明书院,始揭"知行合一"之旨。

  1510年 庚午 正德五年,三十九岁。三月,任庐陵知县。十二月,升南京刑部四川清吏司主事。路过辰州、常德时教人静坐补小学工夫。

  1511年 辛未 正德六年,四十岁,在京师。正月,调吏部验封司清吏司主事。二月,为会试同考官。十月,升文选清吏司员外郎。讲学大兴隆寺,从者如云。

  1512年 壬申 正德七年,四十一岁,在京师。三月,升考功清吏司郎中,黄绾、徐爱等几十人同受业。十二月,升南京太仆寺少卿。据《大学》古本立诚意格物之教。

  1513年 癸酉 正德八年,四十二岁,赴任便道归省。十月,至滁州,督马政。地僻官闲,日与门人游琅琊、瀼泉间。新旧学生大集滁州。教人静坐入道。

  1514年 甲戌 正德九年,四十三岁。在南京教人存天理、去人欲。

  1515年 乙亥 正德十年,四十四岁,在京师,拟《谏迎佛疏》未上。上疏请归,不允。

  1516年 丙子 正德十一年,四十五岁,在南京。九月,经兵部尚书王琼特荐,升都察院左佥都御史,巡抚南、赣、汀、漳等处,平定征南王谢志珊、金龙霸王池仲容等江西、福建、广东、湖广等地的暴动。

  1517年 丁丑 正德十二年,四十六岁。正月,至赣。二月,平漳。十月,平横水、桶岗等地,行十家牌法。

  1518年 戊寅 正德十三年,四十七岁。正月,征三浰。三月,疏乞致仕,不允。平大帽、浰头。六月升都察院右副都御史,荫子锦衣卫,世袭百户。辞免,不允。七月,刻古本《大学》。刻《朱子晚年定论》。八月,门人薛侃刻《传习录》。九月,修濂溪书院,四方学者云集于此。

  1519年 己卯 正德十四年,四十八岁。六月,奉敕勘处福建叛军。6月15日至丰城,闻宁王朱宸濠反,遂返吉安,起义兵。七月二十六日,擒朱宸濠,江西平。与前来平叛的宦官周旋。

  1520年 庚辰 正德十五年,四十九岁,在江西。王艮投门下,艮后创"泰州学派"。阳明自言在应付宦官刁难时全靠"良知"指引。

1521年　辛巳　正德十六年,五十岁,在江西。始揭"致良知"之教。五月,集门人于白鹿洞。六月,升南京兵部尚书。九月,归余姚。十二月,封"新建伯"。

1522年　壬午　世宗嘉靖元年。五十一岁,在绍兴山阴。正月,疏辞爵。二月,父王华卒。丁忧。有御史承首辅杨廷和旨意倡议禁遏王学。

1523年　癸未　嘉靖二年,五十二岁,在绍兴。来从游者日众。南京刑部主事桂萼议大礼得宠。

1524年　甲申　嘉靖三年,五十三岁,在绍兴。四月,服阕,朝中屡有荐者。有人以大礼见问者,不答。十月,门人南大吉绪刻《传习录》。

1525年　乙酉　嘉靖四年,五十四岁,在绍兴。夫人诸氏卒。礼部尚书席书力荐先生入阁,不果。每月朔望在余姚龙泉寺之中天阁聚会生徒。十月,立阳明书院于越城。

1526年　丙戌　嘉靖五年,五十五岁,在绍兴。十一月庚申,子正聪(后黄绾为保护孤幼收为婿,为避明世宗朱厚熜讳更名正亿)生,为继室张氏出。

1527年　丁亥　嘉靖六年,五十六岁,在绍兴。四月,邹守益刻《文录》于广德州。九月,诏命都察院御史,出征广西思恩、田州。出发前夜,钱德洪、王畿求教先生,移席天泉桥上,立四句教法,是谓"天泉证道"。

1528年　戊子　嘉靖七年,五十七岁。二月,平思田之乱。七月,袭八寨、断藤峡。十月,乞骸骨。十一月二十九日辰时(公历1529年1月9日上午八点左右)病逝于江西南安府大庾县青龙铺码头。翌年十一月,归葬于浙江绍兴洪溪(今兰亭)。

附录三

参考文献

1. 基本书目

[1]王守仁.王阳明全集[M].上海:上海古籍出版社,2011.
[2]王守仁.王阳明全集[M].北京:线装书局,2012.
[3]黄宗羲.明儒学案[M].北京:中华书局,2008.
[4]朱熹.四书章句集注[M].北京:中华书局,2013.
[5]王阳明.传习录注疏[M].邓艾民,注.上海:上海古籍出版社,2012.
[6]王阳明.传习录全译[M].于民雄,注.贵阳:贵州人民出版社,2009.
[7]沈德潜.明诗别裁集[M].上海:上海古籍出版社,2008.
[8]吴楚材.古文观止[M].长沙:岳麓书社,1982.
[9]钱仲联.元明清诗鉴赏辞典[M].上海:上海辞书出版社,2003.
[10]诸焕灿.心学大师王阳明[M].北京:中国文学出版社,2004.
[11]王巨明.认识王阳明[M].北京:中国档案出版社,2008.
[12]董平.传奇王阳明[M].北京:商务印书馆,2010.
[13]秦家懿.王阳明[M].北京:三联书店,2011.
[14]杜维明.青年王阳明[M].北京:三联书店,2013.
[15]王冠辉.王阳明评传[M].武汉:华中科技大学出版社,2013.
[16]高瀬武次郎.王阳明详传[M].赵海涛,王玉华译.北京:北京时代华文书局,2013.
[17]吕铮.明朝一哥王阳明[M].长沙:湖南人民出版社,2013.
[18]杨东标.此心光明——王阳明传[M].北京:作家出版社,2014.
[19]华建新.王阳明诗歌研究[M].合肥:安徽人民出版社,2008.
[20]华建新.王阳明散文研究[M].芜湖:安徽师范大学出版社,2012.
[21]吴格.王阳明诗文选译[M].南京:凤凰出版社,2011.

[22]吴光.阳明学综论[M].北京:中国人民大学出版社,2009.

[23]刘宗贤,蔡德贵.阳明学与当代新儒学[M].北京:中国人民大学出版社,2009.

[24]陈永革.阳明学派与晚明佛教[M].北京:中国人民大学出版社,2009.

[25]崔在穆.东亚阳明学[M].北京:中国人民大学出版社,2009.

[26]吴光.黄宗羲与清代浙东学派[M].北京:中国人民大学出版社,2009.

[27]钱明.王阳明及其学派论考[M].北京:人民出版社,2009.

[28]蔡仁厚.王阳明哲学[M].北京:九州出版社,2013.

[29]陈来.有无之境[M].北京:三联书店,2009.

[30]杨国荣.王学通论[M].上海:华东师范大学出版社,2003.

[31]杨国荣.心学之思[M].北京:中国人民大学出版社,2009.

[32]钱穆.阳明学述要[M].北京:九州出版社,2010.

[33]张弛.王阳明心学[M].北京:中国商业出版社,2014.

[34]孙康宜,宇文所安.剑桥中国文学史[M].北京:三联书店,2013.

[35]陈柱.中国散文史[M].南京:江苏文艺出版社,2008.

[36]龚鹏程.中国诗歌史论[M].北京:北京大学出版社,2008.

[37]徐朔方,孙秋克.明代文学史[M].杭州:浙江大学出版社,2009.

[38]罗宗强.明代文学思想史[M].北京:中华书局,2013.

[39]尹恭弘.明代诗文发展史[M].北京:社会科学文献出版社,2012.

[40]吴志达.明代文学与文化[M].武汉:武汉大学出版社,2010.

[41]刘坡.李梦阳与明代诗坛[M].南京:南京大学出版社,2013.

[42]黄卓越.明中后期文学思想研究[M].北京:北京大学出版社,2005.

[43]熊礼汇.中国古代散文艺术二十四讲[M].武汉:武汉大学出版社,2010.

[44]冯友兰.中国哲学简史[M].北京:北京大学出版社,2013.

[45]牟宗三.中国哲学十九讲[M].吉林:吉林出版集团,2010.

[46]贺麟.近代唯心论简释[M].北京:商务印书馆,2011.

[47]钱穆.四书释义[M].北京:九州出版社,2010.

[48]卜道成.外国人眼中的中国人:朱熹[M].张晓霞,张洪译.北京:东方出版社,2014.

[49]孟森.明史讲义[M].北京:中华书局,2009.

[50]黎东方.黎东方讲史:细说明朝[M].上海:上海人民出版社,2013.

[51]黄仁宇.万历十五年[M].北京:中华书局,2007.

[52]黄仁宇.中国大历史[M].北京:三联书店,2007.

[53]黄仁宇.现代中国的历程[M].北京:中华书局,2011.

[54]洪钊.明朝十讲[M].哈尔滨:哈尔滨出版社,2006.

[55]傅乐成.中国通史[M].贵阳:贵州教育出版社,2010.

[56]张荫麟,吕思勉,蒋廷黻.中国史纲[M].西安:陕西师范大学出版社,2010.

[57]蒋立甫,吴孟复.古文辞类纂评注[M].合肥:安徽教育出版社,2004.

[58]余英时.宋明理学与政治文化[M].桂林:广西师范大学出版社,2006.

[59]余英时.中国知识人之史的考察[M].桂林:广西师范大学出版社,2006.

[60]余英时.儒家伦理与商人精神[M].桂林:广西师范大学出版社,2006.

2. 单篇论文

[1]陈来.王阳明与阳明洞——王阳明越城活动考[J].孔子研究,1982(02).

[2]钱明.王阳明与明代文人的交谊[J].中华文化论坛,2004(01).

[3]盛珂."致良知"工夫论的新视角——王阳明的"立志说"[J].哲学动态,2012(10).

[4]罗薇.王阳明诗歌的人生写照及美学精神[J].文教资料,2012(08).

[5]熊礼汇.略论王阳明对明代散文流派演变之影响[N].武汉大学学报,2001(02).

[6]姚明明.佛教视野下王阳明诗歌中的艺术境界揭橥[N].长沙大学学报,2013(06).

[7]李振纲.王阳明《象祠记》的文化解读[N].吉林师范大学学报,2010(05).

[8]赵平略.韩愈《论佛骨表》与王阳明《谏迎佛疏》比较[N].贵阳学院学报,2011(03).

[9]常建华.明代士大夫的民生思想及其政治实践[J].古代文明,2015(02).

[10]李进宁.奏疏文体源流考[N].绵阳师范学院学报,2014(03).

[11]金根.王阳明"南赣乡约"的实践及其历史经验[N].湖南农业大学学报,2014(02).